LES RUSSES

CHEZ LES RUSSES

4927-78. — CORBEIL. TYP. ET STÉR. DE CRÉTÉ.

LES RUSSES

CHEZ LES RUSSES

PAR

E. C. GRENVILLE MURRAY

ANCIEN ATTACHÉ D'AMBASSADE EN ORIENT,
EN ALLEMAGNE, ETC.
ET ANCIEN CONSUL GÉNÉRAL D'ANGLETERRE EN RUSSIE

Traduit de l'anglais

PAR J. BUTLER

PARIS

MAURICE DREYFOUS, ÉDITEUR

10, RUE DE LA BOURSE, 10

1878

PRÉFACE DU TRADUCTEUR

Le livre présenté ici au public français n'est pas seulement l'œuvre d'un écrivain qui a acquis en Europe une grande et légitime notoriété, soit par ses romans traduits dans toutes les langues, soit par ses études politiques et sociales sur la France et sur l'Allemagne, études reproduites également dans tous les idiomes du continent. Il est, en même temps, l'œuvre d'un diplomate, élevé à l'école de lord Palmerston, associé à la politique de quatre ou cinq ministres des affaires étrangères, chargé, plusieurs fois, de missions spéciales en Perse, en Orient, en Allemagne, et investi, en dernier lieu, de fonctions importantes près du pays dont il fait aujourd'hui la fidèle et vivante peinture.

De là, le retentissement qu'ont eu ces pages, de l'autre côté de la Manche, lors de leur récente apparition dans la *Pall Mall Gazette*, et l'intérêt qui s'attache au volume auquel l'éditeur de ce journal vient de confier le soin d'en perpétuer le souvenir. Ce n'est pas tous les jours qu'on a la bonne fortune de rencontrer, sur un sujet qui passionne actuellement l'opinion de tous les peuples, un livre signé par un auteur dont le *Times* (1) a dit « qu'il écrivait comme Sterne, sans son affectation, » et dont les travaux sur l'Orient étaient signalés par lord Palmerston (2) comme « té-

(1) «He writes like Sterne, without his affectation.» *Times.*

(2) « Lord Palmerston used to say that the *Roving Englishman papers* showed a more intimate knowledge of the

moignant d'une connaissance plus complète
de la question, que toutes les autres publications qu'il avait été appelé à lire. » L'esprit
dispense parfois de l'érudition ; le savoir
exclut souvent la verve. Trouver l'un associé à
l'autre, l'observation fine et piquante auprès
du grave argument, la saillie mordante de
l'écrivain humoristique à côté de la remarque profonde de l'historien, est une rare
exception que ce volume réalise, et qui, après
avoir justifié l'accueil dont il a été l'objet en
Angleterre, sera probablement l'élément principal du succès auquel son traducteur le croit
appelé en France.

Succès n'est pas ici, du reste, synonyme de
sanction. Les gens qui exploitent les mots, et
ceux qui sont exploités par les mots ; les écrivains et les orateurs qui ont imaginé « le désintéressement du Tzar », la « philanthropie

Eastern question than any other publication with which
he was acquainted.» *The Roving Englishman in Turkey*, par
E. C. Grenville Murray.

(Préface des éditeurs.)

moscovite », « la mission civilisatrice de la Russie », la « délivrance des chrétiens d'Orient», pour expliquer l'étrange appui que leur libéralisme prête à l'autocratie du Nord, et la fraction du public qui se paye de ces formules pour se ranger derrière leurs inventeurs; tous ceux qui nés, pour ainsi dire, deux siècles à l'avance, aux idées qu'ils ont adoptées, se gardent, en outre, comme d'une mésalliance, de tout aperçu nouveau ; les quelques croyants, enfin, chez lesquels le culte de la littérature officielle a paralysé la faculté du raisonnement, s'accommoderont mal de ces pages qui pourront les troubler dans leurs métaphores, dans leurs intérêts, dans leur simplicité, dans leur obstination ou dans leur crédulité.

Mais tout ce grand public français qui hait l'hypocrisie et la brutalité, et auquel il ne suffit pas, pour trouver le despotisme aimable, qu'il se pose en libérateur ; qui croit que le règne du sabre n'engendre que la corruption dans les hautes classes et l'abrutissement dans les basses, accueillera avec empressement ce volume qui vient le confirmer dans sa foi, en lui montrant, dans une série de tableaux peints sur les lieux mêmes d'une main exercée, juste autant qu'implacable, à quel degré d'abaissement moral le bon plaisir d'un Tzar, nourri de champagne et d'éloges, assisté d'une noblesse dépravée et d'un clergé dissolu, appuyé d'une armée de soudards, peut conduire une nation qui devait prétendre à occuper une place meilleure au sein de la famille humaine.

On a souvent prétendu que le gouvernement autocratique, où tout relève uniquement d'une seule initiative, pouvait produire de plus grandes choses que le régime démocratique, où chacun discute et délibère. Qu'on lise le chapitre intitulé le « Tzar » et qu'après s'être initié ainsi à l'omnipotence des pouvoirs dont est investi le souverain de la Russie, on mesure les résultats de cette toute-puissance dans les pages consacrées à l'industrie et au commerce, aux paysans, aux hôpitaux, à la justice, à l'armée, à la Sibérie, aux prisons, à tous ces détails de la vie russe que M. Grenville Murray place sous les

a.

yeux de ses lecteurs, dans ce volume qui se dresse comme un acte d'accusation contre l'absolutisme gouvernemental. Il n'est pas de meilleur moyen de s'édifier sur la stérilité des œuvres qui procèdent du caprice ou de la volonté d'un seul.

Donc, ce livre est certain de faire son chemin parmi tous ceux qui ne considèrent pas le culte de la force, comme une des clauses du code de la distinction ou de l'élégance ; il est assuré d'émouvoir ces esprits généreux qui souffrent de l'asservissement d'autrui, où qu'ils en entrevoient les misères. Il y a vingt-sept ans, l'auteur des *Russes chez les Russes* publiait, sur la Turquie, une série d'études qui viennent d'être réimprimées à Londres (1) comme constituant encore, malgré leur ancienneté, le livre le plus complet et le plus prophétique qui ait été écrit sur l'Orient. Si l'étonnante clairvoyance qui inspira ces pages d'autrefois, a dicté celles d'aujourd'hui, le lecteur qui prêtera à l'ou-

(1) *The Roving Englisuman in Turkey.*

vrage que voici un peu de son attention et de sa sympathie, pourra dire, en le fermant, un nouvel acte de foi dans l'émancipation humaine; car son point final est celui-ci:

La Russie, telle qu'elle est aujourd'hui, doit être atteinte par le destin qui frappe tous les États barbares. Elle tombera par pièces et par morceaux.

Avril 1878.

B.

CHAPITRE PRÉLIMINAIRE

Les anciens ne connaissaient que la partie méridionale de la Russie d'Europe.

Ils la divisaient vaguement en Sarmatie et en Scythie, et y plaçaient un certain nombre de tribus indépendantes : les Roxolans, les Iazyges, les Agathyrses, les Hippomolges, les Cimmériens, les Taures, les Méotes et d'autres. Ces hordes passaient pour vivre sous la tente, et les premiers historiens rapportent qu'elles s'enivraient avec du lait fermenté, mêlé à du sang de cheval.

Au second siècle de l'empire romain, les

Slaves, qui furent les premiers habitants de la Russie septentrionale, envahirent la Sarmatie et la Scythie et en conquirent, successivement, toutes les tribus. Les Slaves, le plus ancien des peuples de l'Europe, avaient du sang indien dans les veines, et occupaient la rive occidentale du Volga, quinze siècles avant l'ère chrétienne. Leurs usages étaient ceux de l'Orient; leur religion, un mélange de brahmanisme et du culte des forêts suivi par les Germains. Ils étaient polygames, cruels et voleurs.

Durant le troisième siècle de l'ère chrétienne, les Slaves furent conquis à leur tour par les Goths; ceux-ci soumirent, peu à peu, toutes les hordes campées entre la Baltique et la mer Noire, et fondèrent entre le Dnieper et le Niémen, le Volga et le Don, un vaste empire comprenant à peu près la Russie d'Europe d'aujourd'hui.

Cet empire fut renversé, en 376, par les Huns; et, durant les quatre siècles suivants, le sud du pays des Goths, comme on l'appelait, devint le théâtre de guerres constantes. Les Huns, les Alains, les Bulgares et les Khazares y dominèrent et en furent chassés successivement.

Jusques-là, il n'y avait point eu de ville dans cette région ; mais, vers le milieu du sixième siècle, Kiev et Novgorod la Grande furent fondées. La première de ces villes est regardée comme le berceau de l'empire, et porte le nom de Sainte-Kiev. Ce fut là que le christianisme fut prêché pour la première fois en Russie, et que Wladimir le Grand reçut le baptême en 988.

A cette époque, la dynastie de Rurik, chef des Varègues, s'était établie sur le trône de l'empire déchu des Goths.

Rurik soumit les Huns et les Khazares, et s'empara de Novgorod en 862. C'est à partir de cette époque, que commence vraiment l'histoire de la Russie (1). Rurik fut un grand conquérant, et paraît avoir eu certaines apti-

(1) Nom dérivé de Rurick.

tudes politiques. Sa postérité ne tarda pas à étendre sa domination sur la Russie méridionale ainsi que sur la Galicie, et choisit Kiev pour capitale. Sous Wladimir Ier, cette race devint puissante; sa conversion au christianisme acheva de consacrer son autorité, en lui donnant le prestige du droit divin.

Sous Jaroslav Ier, Constantinople fut menacée.

Alors, comme aujourd'hui, le sentiment religieux servit de prétexte aux ambitions des agresseurs; et, depuis lors, les provinces de la Turquie d'Europe n'ont pas cessé d'être l'objet des convoitises des souverains qui régnèrent à Kiev, à Moscou ou à Saint-Pétersbourg.

Jaroslav échoua contre les Turcs. Sous son successeur Isiaslav (1054-78), commencèrent les luttes intestines, qui devaient se prolonger durant quatre siècles. Le christianisme ayant organisé la Russie sur le modèle féodal de l'Europe occidentale, les descendants de Rurik se répandirent, comme princes semi-indépendants, à Novgorod, Polotsk, Smolensk,

Tchernigov, Pereiaslav, Smoutatakan, Halitch, Tver, Vladimir, Souzdal et Moscou, ville fondée en 1147 par Dolgorouki Ier. Chaque prince rendait hommage au Grand Prince qui régnait à Kiev; mais des questions de fiefs armaient souvent les vassaux les uns contre les autres, ou contre leur suzerain.

A la faveur de ces guerres civiles, les peuplades de l'Est commencèrent à envahir la Russie et furent sur le point, plusieurs fois, de la réduire sous leur joug. Les Petchenègues et les Polovtses s'avancèrent deux fois jusqu'à Kiev, et obligèrent le Grand Prince et ses vassaux à oublier leurs querelles pour résister à l'ennemi commun. Ce fut à la suite d'une de ces invasions, victorieusement repoussée d'ailleurs, que Dolgorouki Ier, prince de Moscou, se proclama indépendant de Jourié ou Georges, Grand Prince de Kiev. La séparation dura quatre-vingt-six ans; mais, en 1156, Isiaslav III battit les Moscovites, et rétablit la suprématie de la dynastie de Kiev.

En 1224, survint la grande invasion mongole. Elle eut le même effet, sur la Russie, que la conquête des Normands sur l'Angleterre.

Touchi, chef des Mongols, franchit le Volga avec cent mille hommes, conquit toutes les provinces méridionales de la Russie et fonda l'empire de Kaptchak. Son fils Baton, aidé de nouveaux Mongols, s'empara de Kiev en 1240 et obligea Michaël Ier à s'enfuir, d'abord à Vladimir, puis à Moscou. Bientôt la Podolie, la Volhynie et la Galicie orientale tombèrent au pouvoir des envahisseurs. Les Russes du Nord, incapables de continuer la lutte, mirent bas les armes et devinrent les vassaux de Baton.

La domination mongole dura 150 ans, de 1240 à 1389.

La souveraineté de Kiev fut abolie. Jaroslav II, prince de Moscou, reçut le titre de Grand Prince, pour lui et pour ses descendants, à la condition de payer un tribut annuel au vainqueur. Novgorod s'affranchit de la tutelle moscovite, et s'installa en république sous la protection des Mongols. Il peut paraître étrange d'entendre parler d'une république en Russie ;

mais il est positif que Novgorod devint une communauté démocratique ; beaucoup plus républicaine, dans tous les cas, que les républiques italiennes, qui ne furent que des oligarchies. Les citoyens pratiquaient la communauté des biens ; on croit que l'organisation socialiste des *mirs* [1] modernes, prit naissance parmi eux. Novgorod n'a pas perdu le souvenir de cette période de son histoire, et ses habitants en parlent avec fierté.

La domination des Mongols en Russie prit fin, à la suite de leurs luttes fratricides avec les Tartares. Ces derniers, enflammés par leurs succès dans l'Inde, sous Timour Begg et Tamerlan, harcelèrent les Mongols et les contraignirent, plusieurs fois, à appeler, à leur aide, leurs vassaux moscovites. Mais les Russes se lassèrent de répandre leur sang pour des oppresseurs qui les accablaient d'impôts et qui, en temps de paix, pillaient souvent leurs villes. En 1481, Ivan III, dit le Grand, se leva comme

---

(1) Association dont le fonctionnement est expliqué dans le cours de l'ouvrage.

un Robert Bruce, vainquit les Mongols et les Tartares, et les chassa. Cela fait, il soumit Novgorod, Pskov, la Biannie, la Sévérie, annexa la partie orientale de la Sibérie et réunit tous ses États en un puissant empire, dont il resta le chef incontesté.

Ivan III fut le premier souverain absolu de la Russie; toutefois, il se contenta du titre de Grand Prince. Ce fut son petit-fils Ivan IV, qui inaugura le titre de Tzar, dérivé de César, en 1533.

Cet Ivan IV, surnommé le Cruel, eut à soutenir, contre les princes qui l'entouraient, une guerre semblable à celle que Louis XI avait faite, soixante-dix ans plus tôt, aux barons français. Il était monté sur le trône à l'âge de quatre ans; et sa longue minorité avait permis aux *boyards* d'accroître leurs prérogatives aux dépens de celles de la Couronne, et de se poser en factieux. Non content de les soumettre, Ivan en fit périr un grand nombre dans les supplices les plus horribles. Puis, ayant rétabli son autorité et contraint tous ses sujets à l'obéissance, il brûla les titres de noblesse de ses *boyards*, grands et petits, et décréta l'égalité parmi son peuple.

Ivan soutint des guerres heureuses contre les Polonais, les Suédois et les Tartares ; il prit Kazan et Astrakan et chercha, sans y réussir, à s'emparer de la Livonie. Il a laissé de sanglants et terribles souvenirs dans l'aristocratie russe ; le peuple est enclin à révérer sa mémoire, et une légende prédit qu'il reviendra à l'heure d'un grand péril national, pour délivrer les *mujicks* de la tyrannie de leurs seigneurs.

En 1598, quatorze ans après la mort d'Ivan, la dynastie de Rurik s'éteignit dans la personne de Fédor Ier, empoisonné par Boris Godunow, son beau-frère, qu'il avait fait premier ministre. Boris Godunow s'empara du pouvoir, et fut empoisonné, lui aussi, après un règne court et agité. Son fils Fédor II lui succéda ; mais un moine nommé Grégory Otrepiev, qui prétendait être Dmitri ou Demetrius, fils d'Ivan IV, que l'on croyait assassiné par Boris, rencontra un très-grand nombre de partisans, et déposa Fédor II. Un autre prétendant le détrôna peu après, et fut renversé, à son tour, par un Polonais, Vladislaw Vasa.

A cet instant, on put croire que la Russie touchait à sa fin ; car les Suédois et les Polonais s'étaient coalisés pour l'envahir, et menaçaient de marcher sur Moscou. Mais, sous la pression du danger, les principaux *boyards* se réunirent dans la capitale, en 1613 ; et, oubliant leurs querelles, choisirent, d'un commun accord, pour leur Tzar, Michaël Romanof.

Michaël fit la paix avec la Suède et la Pologne. Par le traité de Stolbova, il céda l'Ingrie et la Carélie russe à Gustave-Adolphe. En 1618, il conclut une trêve de quatorze ans avec les Polonais qui s'étaient avancés jusque sous les murs de Moscou, et leur livra Smolensk, la Sévérie et Tchernigov. Un second traité, signé en 1634, confirma les droits des Polonais sur ces parties du territoire. Mais le sage gouvernement de Michaël Romanof avait permis au pays de se relever ; et ses successeurs, s'inspirant de son exemple, devinrent assez puissants pour battre les Polonais et pour leur reprendre la Sévérie. L'avénement de Pierre le Grand, en 1682, accrut encore la prospérité nationale, et fit entrer l'empire dans une ère nouvelle.

Jusque-là, la Russie avait été plutôt un pays oriental qu'un État européen. Pierre chercha à la civiliser, et à y introduire les usages de l'Europe. Il eut à lutter contre l'opposition d'un clergé fanatique et contre les résistances des *boyards*; mais il eut raison des prêtres en se proclamant le chef spirituel de l'Église, et il réduisit les nobles, en abolissant leurs priviléges et en brûlant leurs titres, comme l'avait fait Ivan IV. Aimé des *mujicks*, doué des qualités d'un esprit supérieur, il vit toutes ses tentatives réussir. Il fonda Saint-Pétersbourg au milieu d'un marais, et y fit bâtir 60,000 maisons en dix ans; il étendit son royaume jusqu'à la mer Caspienne et à la mer Noire, vit le déclin de la Pologne et détruisit, à Pultava, le pouvoir militaire de la Suède.

A partir de cette époque, la Russie eut une place importante dans les conseils de l'Europe.

Pierre le Grand mourut en 1725, et ses successeurs immédiats s'attachèrent à la ligne politique tracée dans son célèbre testament, qui est devenu, pour ainsi dire, la charte de l'Impérialisme russe. Ils maintinrent le prestige de la Russie sans agrandir toutefois beaucoup son territoire ; mais Catherine II, reprenant les idées du grand Tzar, en poursuivit la réalisation avec une vigueur et une habileté dignes de leur auteur.

Cette princesse, que Voltaire appelait la Sémiramis du Nord, régna de 1762 à 1796. Elle conquit la Petite Tartarie, la Lithuanie, la Courlande, le Caucase, et poussa les frontières de l'empire jusqu'aux confins extrêmes de la Sibérie. Dans les deux partages de la Pologne, en 1772 et 1795, elle obtint la moitié de cet infortuné pays. A l'exemple de Pierre le Grand, elle convoita Constantinople ; mais elle mourut sans avoir pu réaliser son rêve, de transférer sa capitale sur les rives du Bosphore.

Son fils Paul, esprit faible, maladif, régna juste assez longtemps pour se joindre à la coalition organisée par la Grande-Bretagne contre la France. Il admirait Napoléon, et il est possible qu'il eût cherché à se rapprocher de lui, aux dépens de l'Angleterre, s'il avait vécu. Ses extravagances et ses insanités ameutèrent contre lui ses courtisans; il fut assassiné en 1801, et la couronne passa à son fils Alexandre III, plus connu sous le nom d'Alexandre Ier.

Ce Tzar fut, lui aussi, un admirateur de Napoléon; pourtant, l'influence anglaise le maintint toujours dans les rangs de la coalition antifrançaise, excepté en 1807, après la courte paix de Tilsitt. Constamment battu par les Français, il réussit, néanmoins, à agrandir son territoire en s'annexant la Finlande, la Bosnie orientale, la Géorgie et la Bessarabie. En 1812, l'invasion de la Russie ayant abouti à un désastre pour les armes françaises, Alexandre se joignit aux Alliés, entra à Paris en 1814 et contribua tout particulièrement à la restaura-

tion de Louis XVIII. Les traités de 1815 le lais-
sèrent en possession des provinces qu'il avait
prises, et lui donnèrent, en outre, les deux
tiers de la Pologne.

Alexandre mourut en 1825, et eut pour
successeur son frère Nicolas Ier, le plus terrible despote que la Russie ait connu depuis
Ivan IV.

Le principal objet de Nicolas fut d'empêcher les idées libérales, propagées par la révolution française, de se répandre en Russie.
Il inaugura un système de gouvernement qui
ne laissait à l'opinion publique aucun moyen
de se manifester et qui courbait une nation
de 70 millions d'âmes sous le joug d'un souverain et d'une poignée de courtisans. On évalue à 2 millions, le nombre de personnes transportées en Sibérie, durant les trente-deux
années de son règne, pour causes politiques.

A l'extérieur, sa politique fut surtout dirigée contre les Turcs. L'ambition de sa vie était
de s'emparer de Constantinople.

Il commença, en 1827, par exciter les Grecs

à revendiquer leur indépendance ; et, ayant réussi à amener l'Angleterre et la France à s'allier à lui contre la Turquie, il fut l'âme de la campagne qui aboutit à la bataille navale de Navarin.

Quand le royaume de Grèce fut constitué, la Grande-Bretagne s'aperçut, un peu tard, qu'elle avait été prise dans un piège. Tout en proclamant la guerre sainte des chrétiens contre les infidèles, Nicolas se préparait à franchir les Balkans et à marcher sur Constantinople. Il fallut l'injonction des grandes puissances, provoquée par l'Angleterre, pour l'arrêter.

Mais la Turquie avait déjà énormément souffert, du fait des intrigues et des luttes fomentées par Nicolas. Elle perdait la Grèce ; sa suzeraineté sur la Servie, la Valachie et la Moldavie était virtuellement anéantie. Le traité d'Unkiar-Skelessi, signé en 1833, ratifia ces spoliations, acheva d'affaiblir l'Empire ottoman et prépara ainsi la guerre de Crimée.

Nicolas crut que la Grande-Bretagne et la

France, ennemies l'une de l'autre pendant tant de siècles, ne pourraient jamais conclure une alliance durable pour la défense de la Turquie. Cette erreur le poussa à donner à ses troupes l'ordre de franchir le Pruth, en 1854.

La réponse à cette agression fut une déclaration de guerre de la part des alliés, lesquels, du reste, visaient moins à protéger la Turquie qu'à maintenir l'équilibre des pouvoirs.

Les défaites de l'Alma et d'Inkermann portèrent des coups cruels à l'orgueil de Tzar. Il vit son prestige diminué, son rêve anéanti, ses espérances déçues. On croit qu'il s'est suicidé. Dans tous les cas, il mourut, le cœur brisé.

Tel est le résumé de l'histoire de la Russie jusqu'au couronnement d'Alexandre II. Les principaux événements du présent règne servent de thème aux pages qui suivent.

LES RUSSES
CHEZ LES RUSSES

CHAPITRE PREMIER
LA VILLE

I

LE TZAR

Le *Swod* ou code russe définit ainsi le Tzar :
« un autocrate, dont le pouvoir est sans limite ; »
et dans un catéchisme rédigé à l'usage des écoles polonaises, on dit que tous ses sujets lui doivent « l'adoration ».

Il n'a pas de liste civile ; mais il peut puiser,
comme il l'entend, dans les coffres de l'État.
Quand il assiste à l'office, la presse annonce que
« Sa Majesté a daigné s'agenouiller ; » s'il tombe

malade et qu'il se fasse traiter, « il daigne se remettre. » Il n'inspire pas le respect mêlé de frayeur qui s'attachait à son père Nicolas ; mais les basses classes le révèrent, et il n'a pas besoin d'escorte pour le protéger quand il conduit son traîneau à trois chevaux dans les rues de Pétersbourg. Partout où il passe, les fronts se découvrent malgré le froid, et les *mujicks* s'inclinent profondément, les mains croisées sur la poitrine. Aux parades de ses gardes, il galope devant les rangs et crie « Bonjour, mes enfants ; » à quoi les hommes répondent en chœur « Bonjour, père. » S'il fait sortir quelqu'un des rangs pour lui donner une récompense, le soldat tombe à genoux et l'appelle « mon père » ou même « petit père » avec une effusion réelle et sincère.

Le Tzar serait arrêté à tout instant dans les rues, s'il n'était pas interdit de lui parler sans sa permission ; car tous les Russes croient fermement qu'un mot de lui peut tout guérir. Il peut pardonner, dégrader, exalter ; il peut ruiner ou rendre riche ; et comme il a l'âme généreuse, on l'a vu souvent user de son pouvoir pour faire de nobles actions, que l'admiration populaire transformait, plus tard, en légendes. Mais, en réalité, il a peu d'influence ; son caractère est trop faible pour triompher des obstacles, et il ne peut supporter les *bouderies* de son entourage. Il est bon père, bon ami et bon maître. Si ceux qui l'entourent essaient de combattre ses instincts généreux, il résiste pendant quelque temps ; puis il faiblit, découragé. Car le bien qu'il pourrait faire ne compenserait pas, à ses yeux, l'ennui que lui causerait la froideur de ses conseillers. Nicolas n'avait pas d'amis ; il n'était pas de voix de femme, pas de prière d'enfant qui pût le fléchir. Alexandre, qui fut élevé dans l'atmosphère de ce despotisme infaillible et glacé, s'y sentit toujours mal à l'aise et montra de tout temps qu'il préférait être servi avec amour que d'être obéi avec crainte.

Tout ce qu'il y avait de fermeté dans sa nature s'épuisa dans le grand événement qui inaugura son règne : l'émancipation des serfs. Toutefois cet acte, aussi hardi que noble, n'eût jamais été accompli si les courtisans d'Alexandre l'eussent connu alors, comme ils le connaissent aujourd'hui. Ils étaient vieux dans l'art de se montrer serviles ; il était, lui, jeune et altier ; ils crurent qu'il ressemblerait à son père. Plus d'un vieux *boyard* a regretté, depuis, de n'avoir pas mieux deviné son maître ; pourtant, l'opposition qu'il eut à vaincre fut ardente et faillit lui coûter son trône. Il eût suffi qu'un de ses frères se mît à la tête des mécontents, pour qu'une conspiration s'ourdît en vue de le déposer. Heureusement ses frères l'aimaient ; et ils applaudissaient à sa noble déclaration : Qu'un Tzar ne doit pas régner sur une nation d'esclaves.

La vieille aristocratie né lui a jamais pardonné l'émancipation. De fait, cet événement a ruiné ou appauvri beaucoup de nobles, et a détruit le prestige de la plupart. Leur amour asiatique pour les pompes et pour le pouvoir s'accommodait mal d'une pareille mesure : ils s'en sont vengés, en entravant obstinément toutes les au-tres réformes qu'Alexandre avait en vue. Cette tactique étroite et égoïste les a privés, d'ailleurs, des avantages qu'ils eussent pu retirer des dispositions du souverain ; car le Tzar voulait établir le régime constitutionnel, et élargir les mailles du réseau administratif qui enveloppe le pays et paralyse le développement de ses ressources. Mais cette transformation aurait amené la suppression du *Tschinn* (1), — cette organisation puissante qui permet aux *boyards* d'absorber la richesse publique, — et un tel sacrifice ne pouvait

______

(1) Corporation de la noblesse.

être atténué, auprès d'eux, par la promesse qu'ils exerceraient une influence réelle et incessante sur la marche du gouvernement, à titre de magnats héréditaires sous une monarchie représentative. Il eût fallu un autre coup d'autorité pour briser leur résistance ; l'Empereur hésita. A partir de cet instant, le sceptre passa hors de ses mains.

Et comment n'eût-il pas hésité, quand tous ceux qu'il consultait le conjuraient de ne pas livrer son trône à la merci des caprices du peuple. La cour de Prusse, la cour d'Autriche, sa propre famille, — car ses frères, cette fois, étaient contre lui, — l'adjuraient de réfléchir. Irait-il détruire la seule autocratie qui restât en Europe, pour le vain plaisir d'essayer ce qui n'avait produit que confusion ailleurs? L'esprit démocratique n'aurait que trop vite accès en Russie ; ce serait folie de lui préparer les voies. Que n'essayait-il plutôt de montrer que le despotisme peut faire d'aussi grandes choses que le régime parlementaire? Que ne cherchait-il à relever ainsi le prestige de cette royauté absolue, dont il était de mode de médire en Europe? S'il voulait réformer, qu'il le fît seul et par lui-même, à l'exemple de son père, sans en partager le mérite avec personne.

Tel était le langage qu'on tenait à un souverain qui, s'il avait fermé l'oreille à ces conseils, n'eût plus eu d'autre ressource que de se rejeter sur une masse de cinquante millions d'esclaves, ignorants, superstitieux et prêts, peut-être, à ne voir bientôt en lui qu'un ennemi. Le risque était trop grand. Toutefois, le Tzar ne renonça pas immédiatement à ses projets de réforme administrative et, pour rentrer en grâce près des *boyards*, il les convia à discuter avec lui les améliorations à introduire dans les diverses branches du service public. De cette époque datent l'institution du jury, l'affranchissement municipal des « *Mirs* (1) » et certaines concessions, d'ordre commercial ou religieux ; mais aucune de ces mesures n'amena les résultats que leur auguste promoteur en attendait. Les *boyards* eurent bien soin de ne donner que des avis intéressés qui étendaient, au lieu de les restreindre, leurs droits de propriétaires fonciers ; pour le reste, ils s'en remirent à l'esprit de routine du soin de tout empêcher.

Le Tzar vit, à la fin, que son zèle ne menait à rien, et il cessa une lutte stérile. Il avait des accès d'impatience, même des accès de colère, qui faisaient trembler ses gênants conseillers.

(1) Terme expliqué plus loin.

Plus d'une fois, en découvrant un acte d'injustice ou de désobéissance, il punit sévèrement le coupable et surveilla de si près l'exécution de ses ordres que personne n'osa les enfreindre. Mais ces explosions étaient comme les dernières gerbes d'un volcan qui va s'éteindre. Tout le monde savait, à la cour, qu'il avait le cœur sensible et que la froideur de ceux qu'il aimait était un sûr moyen de le forcer à se soumettre. Il fut bientôt cajolé, entortillé, pris par ses côtés faibles comme un enfant. Certains personnages, qui avaient été ses compagnons d'enfance, passaient pour faire de lui ce qu'ils voulaient. L'un d'eux demandait-il en vain une faveur ou se trouvait-il impliqué dans la découverte de quelque odieux abus, il lui suffisait de quitter Pétersbourg pour que le Tzar lui pardonnât ou accédât à ses désirs !

Alexandre ne s'est jamais brouillé avec un ami personnel. Les intrigues se croisent et s'entrecroisent autour de lui ; les calomnies bourdonnent à ses oreilles ; mais rien jamais n'ébranle sa foi dans ceux qu'il a honorés de sa confiance et de son amitié. C'est grand dommage, en vérité, que les hommes admis dans son intimité en aient été généralement indignes. Il ne sait pas choisir ses amis. Soucieux de ne désobliger personne et

de n'être délaissé par aucun, — ce qui est une
forme de l'égoïsme, — il tient à ne voir auprès
de lui que des visages réjouis, que des mains em-
pressées à lui prodiguer des attentions. Il veut
qu'on le prenne pour un prince débonnaire ; les
gens qui ont le mieux réussi avec lui sont ceux
qui l'ont traité avec une certaine familiarité,
comme s'ils eussent été ses égaux et qu'ils l'eussent aimé pour ses qualités personnelles.

Le Tzar parle plusieurs langues ; jeune, il a
étudié la littérature française, et il a gardé de ses
lectures ce qu'il faut pour rendre sa conversation
animée. Aujourd'hui encore il aime les romans
français, le théâtre, la musique et les réceptions
en petit comité. Tout cela l'a plongé dans une
sorte d'indolence. Ce n'est plus l'Alexandre d'il y
y a vingt ans ; et ses courtisans n'ont plus à crain-
dre qu'il s'emporte jamais contre eux. Il ignore,
du reste, ce qui se passe. Les établissements qu'il
visite dans ses voyages sont mis en ordre pour la
circonstance, et il n'est pas un fonctionnaire qui
oserait affronter la colère des grands, en lui dénonçant un abus. Il signe les documents qu'on
lui soumet ; mais il les lit rarement. S'il donne
un ordre pour son propre compte, on n'obéit que
si on le juge bon ; autrement, l'affaire est traînée

en longueur, jusqu'à ce qu'il se fatigue d'en parler. La corruption s'étale autour de lui, sans qu'il en ait conscience ; ou, s'il s'en aperçoit, il laisse aller les choses, faute de savoir à qui s'en prendre ou d'oser punir le coupable.

Après avoir commencé son règne en héros, Alexandre II semble destiné à l'achever dans l'abaissement épicurien d'un monarque oriental. En attendant, la politique russe n'est plus son fait : il a cessé, depuis longtemps, d'avoir d'autre volonté que celle des hommes qui ont perverti son heureuse nature. Au dehors comme au dedans, il n'a plus d'initiative.

Une cabale d'intrigants et de femmes exaltées l'a amené à déclarer la guerre ; il sera également leur jouet, quand il conclura la paix.

II

LE GRAND MONDE

Les Russes sont très-sensibles à l'opinion d'autrui ; et cette préoccupation les rend si aimables

pour l'étranger qui arrive chez eux, qu'il tombe
d'abord sous le charme de leurs prévenances et
de leurs bonnes façons. Au bout de peu de temps,
cependant, on reconnaît qu'il y a beaucoup d'affectation dans leurs manières et, en moins d'un
mois, on est frappé de la quantité de mensonges
qu'on a entendu faire autour de soi. L'humilité
avec laquelle ils parlent de l'état arriéré de leur
civilisation n'est que superficielle ; en réalité, ils
sont très-fiers de leur pays et, tout en ayant l'air
de provoquer les critiques, ils en sont, au fond,
très-mortifiés. Qu'un Russe se sente assez lié
avec vous pour jeter le masque, il saisira toutes
les occasions de comparer votre nation à la sienne,
et le rapprochement se terminera toujours à l'a-
vantage de celle-ci. Son Tzar est populaire ; la
Russie est prodigieusement avancée, quand on
tient compte des rigueurs de son climat ; son armée est superbe, la mieux tenue, la plus nombreuse de l'Europe ; le peuple est religieux, tranquille, satisfait, ce qu'on ne voit nulle part ailleurs.
L'horreur du despotisme, que les Russes profes-
sent dans les salons, est une pure affaire de mode ;
ils craindraient de se rendre ridicules en soutenant une forme de gouvernement qui a cessé
d'être appréciée à l'étranger ; ils ont peur que

l'éloge ne soit pris par leurs auditeurs comme un signe de servilité.

De là, les opinions ultra-libérales qu'ils affichent ; de là aussi, leur tendance à conspirer. Une révolution éclaterait dans leur pays que beaucoup d'entre eux s'y joindraient sans trop savoir pourquoi, et dans l'unique pensée qu'en agissant ainsi, ils suivent l'exemple donné à l'étranger par « tous les esprits d'élite ». La mode est le dieu des hautes classes, en Russie ; il n'est pas d'efforts qu'elles ne fassent pour se montrer au niveau des autres nations en politique, en religion et en morale.

Le Russe est très-difficile à instruire, parce qu'il prétend tout savoir ; on ne peut rien apprendre de lui, parce qu'il invente avec une incroyable effronterie. Le voyageur qui visite la Russie doit croire à peine la dixième partie de ce qu'il entend, et regarder sans cesse autour de lui ; alors, il arrive vite à conclure que, si les Russes étaient ce qu'ils feignent d'être, leur pays ne serait pas ce qu'il est. Tout ce qui s'est écrit, pour les besoins de leur politique, sur leur caractère chevaleresque, n'est qu'une amusante invention ; on n'est pas chevaleresque quand on manque absolument de sens moral, et qu'on se fait un jeu de frauder la vérité.

Un Russe parlera comme un Bayard, parce qu'il a appris cela dans ses livres, et l'amour de l'ostentation lui fera faire de bonnes actions ; mais il a la traîtrise et la ruse des races grecques et tartares et, en amour comme à la guerre, il ne reculera jamais devant un stratagème pour en venir à ses fins. Quant à sa prétendue humanité, on peut la mesurer par la façon dont il traite les condamnés politiques ; en réalité, il ne soupçonne pas que le châtiment doive être proportionné à la faute. Racontez à un *boyard* que vous avez vu des prisonniers qui attendaient depuis deux ans, dans une prison infecte, l'heure d'être jugés ; il vous répondra tranquillement qu'ils étaient accusés de complot, comme si le simple fait d'être soupçonné justifiait, à lui seul, tous les mauvais traitements.

L'hospitalité russe est réellement éblouissante. Les réceptions des familles nobles de Pétersbourg dépassent tout ce qu'on voit ailleurs dans ce genre, parce que, nulle part, les gens riches ne peuvent dépenser autant en plaisirs. L'aristocratie des autres pays a des obligations à remplir, des propriétés à entretenir ; les Russes dépensent peu pour leurs terres, et en tirent, en revanche, tout ce qu'elles peuvent produire. Ils achètent des diamants et des robes pour leurs femmes ; ils remplissent leurs caves des meilleurs vins ; ils ont de nombreux domestiques ; ils jouent ; ils vont à Paris, à Nice et dans les villes d'eaux de l'Allemagne, jetant l'argent à pleines mains, comme s'ils mettaient leur ambition à enrichir les maîtres d'hôtels. L'art est peu en faveur auprès d'eux, et leur goût pour la musique est discutable : allez dans leurs théâtres ou dans leurs concerts, vous n'entendrez jamais que de la musique moderne. Gounod et Offenbach ont, à leurs yeux, le même mérite ; à l'époque où le wagnérisme faisait fureur, ils ne parlaient plus de Meyerbeer et de Mozart que comme d'auteurs vieillis et à tout jamais délaissés.

Personne ne saisit mieux qu'eux ces termes d'argot, ces expressions d'un jour, qu'ils rencontrent chez leurs voisins ; mais ils parviennent difficilement à s'approprier les idées sérieuses, et leur don d'observation ne leur épargne pas d'amusantes méprises, lorsqu'ils abordent certains sujets. A les entendre parler, sans accent, toutes les langues, on pourrait croire, pourtant, qu'ils sont pénétrés de leur esprit ; mais leur facilité dans ce genre d'exercice n'est que la conséquence de la dureté de leur propre idiome, auprès duquel tous les autres ne sont que des jeux de prononciation. S'ils se contentaient de rester Russes, ils passeraient à bon droit pour les meilleurs linguistes du monde ; visant à être pris pour « des Parisiens du Nord, » ils forcent à reconnaître qu'ils n'ont que le vernis de leurs modèles.

Les classes supérieures sont cependant bien élevées ; et, si elles continuaient à travailler, une fois sorties des mains de leurs précepteurs, elles constitueraient certainement l'aristocratie la plus distinguée de l'Europe. Par malheur, le jeune *boyard* dont le savoir émerveille à vingt ans, n'a rien appris de plus à trente, et a désappris à quarante. Sa pensée avait de l'initiative ; elle abdique peu à peu, pour s'adapter au moule officiel. C'est là une règle générale. Plus d'un jeune homme, élevé par des maîtres français ou allemands, s'est lancé dans la vie, plein d'espoir et d'ardeur, jurant de faire la guerre aux injustices et aux abus ; mais il est enrôlé dans l'une ou l'autre branche des services publics, on le fait fonctionnaire ou officier, et il apprend alors que les rêves qu'il caresse sont dangereux. S'il persiste à nourrir ses idées de réforme, après que ses parents l'ont conjuré d'y renoncer, Saint-Pétersbourg devient bientôt pour lui un terrain scabreux et il finira par être exilé au Caucase. On peut fronder en Russie, aussi longtemps qu'on s'en tient aux paroles; dès qu'on passe à l'action, on cesse d'exister, en tant qu'être social.

L'immixtion de l'élément allemand dans le gouvernement contribue à perpétuer cet état de choses; les vrais Moscovites sont trop peu énergiques pour pouvoir guider et maintenir la main de fer qui pèse constamment sur eux. Le Russe a les qualités des races de l'Orient, aussi bien qu'il en a les vices. Il est doux et indolent; il n'opprimera pas par système, s'il n'y voit pas un intérêt; la vanité le rend digne et, pour toutes ces raisons, il abandonne volontiers au patient Allemand les postes officiels qui exigent un labeur et une assiduité de tous les jours. Le nombre de gens de cette nation qu'on rencontre dans le *Tschinn* est énorme; ils laissent facilement aux Russes les positions brillantes, et se contentent des situations obscures, où le pouvoir s'exerce sans ostentation et sans bruit. Les ministres d'État, les gouverneurs des provinces, les généraux de division sont Russes; les employés, les chefs de bureaux, les secrétaires de gouverneurs sont Allemands, si bien qu'il est impossible d'attaquer quoi que ce soit, sans se heurter à un Germain qui appelle aussitôt tous ses compatriotes à la rescousse.

Voilà pourquoi les Russes parlent de leur gouvernement, comme si c'était une chose absolument en dehors d'eux; voilà pourquoi encore on voit tant de complots fomentés par des hommes qui se disent fidèles à l'Empereur et qui déclarent, en même temps, vouloir renverser la *clique* administrative qui tient leur Tzar en tutelle. Ces conspirations échouent, d'ailleurs, piteusement, puisque toute la police est aux mains des Allemands; et les esprits avisés s'abstiennent d'y prendre part, s'en remettant à la Providence du soin de remédier aux maux dont ils pâtissent. Mais cette inaction forcée et cette impuissance à réagir engendrent une oisiveté qui se traduit elle-même par une corruption sans égale.

Privés de toute initiative, en matière religieuse, politique ou sociale, effrayés de porter ombrage, réduits à intriguer ou à jouer à la cour leur rôle d'adulateurs, les Russes cherchent dans les plaisirs, dans la débauche, dans les extravagances de toutes sortes, une diversion à l'ennui et à la monotonie de leur existence. La nature les a généralement bien doués; mais la pression gouvernementale étouffe en eux les germes de leurs bonnes

qualités et ils restent de grands enfants dont le
seul but est de s'amuser, d'étonner le monde par
leurs folies, et de provoquer, chez les étrangers,
sinon une admiration réelle, au moins une bien-
veillante et flatteuse curiosité.

III

LES DÉCORATIONS

Un étranger qui assiste à une réception officielle est frappé de la quantité d'étoiles qu'il
voit briller sur la poitrine de gens qui n'ont cependant pas l'air d'être des personnages. Sa surprise augmente encore, aux revues de troupes,
où il aperçoit des colonels plus constellés que les
maréchaux d'autres pays, et des soldats portant
une douzaine de médailles, comme s'ils avaient
passé toute leur vie à la guerre. Les marques dis-
tinctives sont si nombreuses, en Russie, que tout
individu au service de la Couronne est sûr d'obtenir, tôt ou tard, une croix ou une étoile ; mais
ces décorations, pour être répandues à profusion,

n'en sont pas moins estimées, car elles sont le privilége de certaines classes et permettent à quiconque est un peu connaisseur en la matière, de mesurer, d'un coup d'œil, l'influence de celui qui les porte. Un *tschinovnick* (1) qui a un ruban rose, mis en sautoir de gauche à droite, est plus redouté qu'un autre, portant un ruban rouge de droite à gauche. Le ruban bleu envie le rouge et jaune; celui-ci soupire après le jaune et noir, et celui-là jalouse le bleu tendre.

Le ruban bleu appartient à l'ordre de Saint-André, le plus ancien de tous. Fondé en 1698 par Pierre le Grand, il va de pair avec les ordres étrangers les plus célèbres : la Jarretière d'Angleterre, la Toison-d'Or d'Espagne, l'Aigle noir de Prusse, etc. Il est réservé aux membres de la famille impériale, aux souverains étrangers, aux hommes d'État et aux généraux les plus illustres, comme Gortschakoff, Bismark et Von Moltke. Les insignes se composent d'une chaîne d'or portée en collier, et d'une étoile à huit pointes que le Tzar, d'ordinaire, offre en brillants.

Le second ordre est celui de Sainte-Catherine, fondé aussi par Pierre le Grand, en commémoration des services que l'impératrice lui avait

______

(1) Membre du *Tschinn*.

rendus, dans sa campagne contre les Turcs. On le donne aux femmes; la Tzarine en est la grande maîtresse. Les membres portent un large ruban rose, bordé d'argent, auquel est suspendu un portrait de sainte Catherine, et sur le côté gauche une étoile. Il est surtout destiné aux reines, aux princesses et aux célébrités féminines de la cour.

L'ordre de Saint-Alexandre Newsky, qui a le ruban rose sans bordure, une croix émaillée de rouge, et une étoile à six pointes, occupe le troisième rang. Il fut fondé par Pierre le Grand, et il a pour devise « *Za trondi i otechestvo* » (pour les fatigues et pour la patrie). Tous les chevaliers de Saint-André appartiennent de droit à l'ordre de Saint-Alexandre; les autres membres sont presque tous des personnages classés dans les trois premières catégories du *Tschinn*, qui sont censés « s'être fatigués » au service de leur pays.

Vient ensuite l'ordre de Sainte-Anne, qui compte quatre classes. Le ruban en est écarlate avec une bordure jaune. La première classe le porte en sautoir, avec une étoile; la seconde, autour du cou, avec une croix émaillée de rouge; la troisième, à la boutonnière; la quatrième, à la poignée de l'épée. Cette dernière classe se recrute généralement parmi les officiers de la marine ou de l'armée, et récompense les services rendus dans les états-majors plutôt que les titres acquis sur les champs de bataille.

Le grand ordre militaire est celui de Saint-Georges, fondé par Catherine II, qui comprend aussi quatre classes, très-différentes l'une de l'autre, au point de vue de la considération qui s'y attache. Pour appartenir à la première classe, il faut avoir commandé en chef, et avoir gagné plusieurs batailles; le Tzar lui-même n'est pas dispensé de cette condition, et l'empereur actuel n'est que chevalier de deuxième classe. Pendant longtemps, le maréchal Bariatinski fut seul à figurer dans la première classe; depuis la guerre franco-allemande, l'empereur Guillaume et le prince Frédéric-Charles en font partie. La seconde et la troisième classe de Saint-Georges, se donnent en récompense de services ordinaires. Tous les officiers sont admis de droit dans la quatrième, après vingt ans de services et de bonne conduite. Le ruban de cette décoration est jaune et noir; la croix est en émail blanc avec l'image en or de saint Georges et de son dragon.

L'ordre de Saint-Wladimir, dont le ruban est rose et noir, fut institué par Catherine II, pour reconnaître le mérite civil et militaire. On en voit souvent les insignes sur les tuniques de colonels de salon qui ont à peine vingt-cinq ans.

En 1832, la Russie s'est annexé deux ordres polonais : celui de Saint-Stanislas, dont le ruban est bleu foncé et supporte une étoile d'or à huit pointes ; celui de l'Aigle blanc, qui a le ruban rouge et blanc, et une croix rouge ornée de deux aigles d'argent. Ce dernier ordre comprend quatre classes, et était primitivement destiné aux personnes ayant servi en Pologne ; mais on le confère aujourd'hui aux aides de camp des gouverneurs de provinces, aux *tschinovnicks* et aux membres du clergé. Lorsqu'un jeune officier de distinction a obtenu la croix de Saint-Wladimir, il est certain de recevoir celle de Saint-Stanislas, trois ou quatre ans plus tard. S'il y a une guerre, on lui donne la décoration de Saint-Georges, et peut-être en même temps la quatrième classe de Sainte-Anne ; en sorte qu'arrivé à trente ans, il a une brochette respectable.

Outre ses étoiles et ses croix, chaque ordre a ses médailles destinées aux soldats, aux sous-officiers, aux négociants investis de fonctions municipales, aux manufacturiers et autres petites gens qui ne font pas partie du *Tschinn*. Ainsi, un simple soldat peut avoir la médaille de Saint-Georges avec le ruban jaune et noir, celle de Sainte-Anne, avec le ruban rouge, etc. De même, un maire, un banquier, un juge de paix, peuvent être gratifiés de la médaille de Saint-Wladimir ou de Saint-Stanislas, sans être jamais admis à l'honneur de porter l'étoile ou la croix. Les artistes, les hommes de lettres, les inventeurs forment une catégorie à part et reçoivent des médailles, des croix ou des étoiles, sinon selon leur mérite, du moins selon le cas qu'on fait d'eux en haut lieu. Toutefois, les nominations de ce genre ne sont jamais faites qu'à contre-cœur, et comme une concession à l'esprit moderne. La chancellerie russe estime médiocrement le talent ou le génie, et commet souvent, à leur détriment, d'étranges méprises. Le chanteur Tamburini eût été moins fier de se promener sur la Perspective de Newski avec la médaille de Saint-André à son cou, s'il eût su que cette marque distinctive le mettait au niveau de certains huissiers de la cour. Alexandre Dumas reçut un jour la médaille de Sainte-Anne, à propos d'un roman sur la Russie ; mais, connaissant le peu de valeur de cette récompense, il la renvoya avec une lettre d'une ironie polie et reçut, peu de jours après, la croix de deuxième classe, avec accompagnement d'excuses pour « l'erreur commise ». Aujourd'hui encore, des journalistes parisiens reçoivent des médailles, en souvenir d'articles qu'ils ont écrits, et les portent comme des décorations; ce qui fait rire, dans leurs manches, les Russes qui les rencontrent.

Non contents de porter les rubans de leur pays, les *tschinovnicks* ont aussi des ordres étrangers. Il se fait un échange incessant d'étoiles et de brevets entre les cours des trois empereurs, ainsi qu'avec la Grèce, la Roumanie et la Serbie. Les Russes collectionnent les croix, comme les Anglais les curiosités : manie dispendieuse, du reste, car elle entraîne le paiement de frais de chancellerie, qui sont souvent considérables. Il y a des généraux et des sénateurs qui sont membres de plus de trente ordres. Quelques-uns affectent de n'en porter aucun, selon la mode anglaise; mais, dans les réceptions officielles, chacun est tenu d'étaler ses brochettes, par égard pour la Majesté qui les donne, et personne ne s'avise d'enfreindre, sur ce point, le code de l'étiquette. Naturellement, cette multiplicité de décorations en diminue un peu le prix, sinon aux yeux du vulgaire qui se laisse partout éblouir par ces hochets, du moins près de ceux qui les reçoivent. Le Russe semble admettre qu'il a fait

peu de chose pour mériter d'être ainsi constellé ;
car il rit de son propre éclat, disant : « C'est
l'habitude de ce pays-ci, » ou, comme le comte
de Nesselrode : « On nous décore pour éviter de
nous payer ! »

IV

LES CHARITÉS

Toutes les bonnes œuvres russes sont des co-
pies mal faites de charités françaises ou allemandes. Du temps de Nicolas, quand un philan-
trope étranger était présenté au Tzar, l'entrevue
se traduisait invariablement par l'ordre de bâtir
quelque nouvel hôpital, ayant des proportions
démesurées. Les architectes se mettaient à l'ouvrage ; le ministre des finances gémissait d'avoir
à débourser autant d'argent pour un caprice ;
l'institution, une fois fondée, ne faisait, généralement, qu'une très-faible partie du bien qu'on
en attendait ; mais l'Empereur était satisfait, et
cela suffisait. L'Hospice des enfants trouvés, à

Moscou, est un bon spécimen de l'ostentation
russe, en matière de charités, et un exemple frappant des abus qui peuvent naître d'une mauvaise administration. L'établissement, qui a, en
superficie, les proportions d'un village, renferme 2000 nourrissons et 1700 nourrices. Il
reçoit, chaque jour, 50 enfants, sur simple
présentation à la porte, sans formalité d'aucune sorte. Le nouveau venu une fois lavé, habillé et numéroté, est confié à une nourrice; il
reste, dans la maison, de trois à six mois, après
lesquels il est mis en pension, hors de l'hospice,
à raison de dix francs par mois pendant cinq
ans. A l'expiration de ce terme, le prix de l'entretien est réduit. Si la nourrice s'engage à garder l'enfant pour un rouble par mois, jusqu'à
ce qu'il ait atteint l'âge de gagner sa vie, il demeure avec elle; autrement, on l'envoie dans
une école industrielle. Les garçons apprennent
le métier de soldat ou une profession quelconque;
les filles sont exercées aux travaux domestiques;
le nombre de ces enfants, entretenus annuellement par l'hospice de Moscou, dépasse le chiffre
de 30,000. Il y a quelque chose de grandiose dans
cette charité; et, bien que la mortalité soit considérable dans l'établissement, en raison de l'inha-

bileté des médecins et de l'insuffisance de la ven-
tilation, les aménagements en sont très-imposants.
Malheureusement, cette institution a corrompu
tous les villages aux environs de Moscou. Les
jeunes paysannes qui ont oublié de se marier envoient leurs poupons à l'hospice, et s'offrent ensuite comme nourrices. Un signe particulier qu'elles ont fait à la petite créature, avant
de l'abandonner au guichet, permet à chaque
mère de reconnaître son bien; elles s'arrangent,
alors, entre elles, pour nourrir chacune son enfant, et les autorités sont impuissantes à découvrir cet échange, si tant est qu'elles s'en préoccu-
pent. De la sorte, au bout du terme réglementaire,
la mère retourne à son village avec son propre
rejeton; reçoit dix francs par mois, de l'État,
pour le nourrir, et renouvelle ce commerce, chaque fois que... le besoin s'en fait sentir. C'est,
en somme, une prime donnée à l'immoralité et
à la fraude. Les autorités le savent; elles sont les
premières à en rire *in petto;* mais le gouvernement trouve une compensation suffisante à ce
déplorable état de choses, dans l'effet d'étonnement qu'il produit sur les étrangers, et re-
pousse systématiquement tous les projets de réforme. On ne voit pas tous les jours 2000 enfants,

et 1700 nourrices réunis sous un même toit!

Le Tzar actuel fonda, à Saint-Pétersbourg, un grand refuge pour les ouvriers qu'un accident empêchait d'exercer leur profession. C'était la réalisation de l'idée française des « Invalides civils », idée basée sur cette considération qu'un artisan, devenu infirme en travaillant, a droit à autant d'égards qu'un soldat blessé à la guerre. Mais l'asile fut créé dans des conditions telles, qu'on vit des paresseux se mutiler pour y être admis. Il y avait là, en permanence, une collection d'ivrognes qui rendaient intolérable la situation des vrais malades, ayant besoin de soins et de repos. Un jour, on mit tout le monde à la porte, en donnant à chacun quelques roubles pour subvenir à ses premiers besoins, et l'établissement devint une maison de fous; mais, au bout de peu de temps, beaucoup de ses anciens hôtes y avaient repris leur place, en feignant l'aliénation. En vain les docteurs recoururent-ils aux médications les plus énergiques, douches, bains, secousses électriques, pour découvrir ces ruses et pour en dégoûter les inventeurs; un *mujick* résiste à bien des choses, quand il s'agit pour lui de passer son hiver confortablement et gratuitement, surtout aux époques où le travail chôme, et les autorités ont à peu près renoncé a lutter contre ces supercheries. Tout cela provient de l'excès de luxe déployé dans cette fondation, pour donner au public une grande et haute idée de la philanthropie impériale. L'ouvrier habitué à vivre dans un réduit infect regarde l'immense asile, avec ses jardins, ses réfectoires, ses lits, ses salles de concert et son régime substantiel, comme un paradis terrestre. Ailleurs qu'à Pétersbourg et à Moscou, les maisons d'aliénés sont des prisons horribles ; aussi n'y trouve-t-on que de vrais fous.

La charité privée ne soutient aucune œuvre en Russie, parce que personne n'est assez simple pour donner de l'argent qui tomberait en mains irresponsables. Hôpitaux, asiles, refuges, sont dus à l'initiative du gouvernement, lequel les fait bâtir, sans tenir grand compte des besoins des localités. L'essentiel, c'est que les documents officiels enregistrent, chaque année, tant de nouveaux établissements : peu importe où ils sont construits. Une ville de province, qui n'a qu'un petit nombre de pauvres, reçoit l'ordre d'élever un refuge, au moment où ses finances sont déjà obérées. Le maire fait humblement remarquer que les contribuables viennent de s'imposer des sa-

crifices très-lourds pour le pavage des rues. On
lui répond qu'il est notoire que sa commune a
besoin d'un asile pour les malheureux, et il n'a
plus qu'à obéir. Souvent, des gouverneurs de
provinces, qui veulent faire parler d'eux, se mettent à bâtir au hasard, sans se préoccuper de la
dépense. Certaines villes se trouvent ainsi dotées
d'édifices disproportionnés à leurs besoins, qui
finissent par tomber en ruine, faute d'entretien,
ou par être convertis en casernes.

Les hôpitaux russes sont généralement sales;
et les médecins, des ignorants. Il n'est pas rare
d'entendre dire que deux malades atteints d'affections différentes ont été mis dans le même
lit, et que le budget de la pharmacie a passé à
donner des fêtes. L'administration municipale
n'en constate pas moins, dans ses rapports, que
l'établissement fonctionne de la façon la plus sa-
tisfaisante et s'abstient, en même temps, d'y consacrer un kopeck, de peur qu'après avoir fait
cette dépense, elle ne soit tout à coup invitée à
entreprendre une nouvelle construction, sur un
plan expédié de la capitale. L'intervention brouil-
lonne du gouvernement paralyse l'initiative locale. Une épidémie éclaterait dans une ville, que
le maire hésiterait à prendre des mesures pour

enrayer le mal, avant d'avoir reçu les instruc-
tions de ses supérieurs. Les religieux et les religieuses sont astreints à se montrer charitables ;
pour se mettre en règle avec cette partie de
leur programme, ils adjoignent à leurs couvents
de petites infirmeries. Mais elles ne leur coûtent
rien, car il leur est permis de quêter, de porte
en porte, au bénéfice de ces annexes, et ils re-
cueillent plus qu'ils ne dépensent. Ce sont de riches mendiants soutenant des mendiants pauvres.

V

LE PETIT MONDE

Dans la plupart des villes russes, les maisons
sont petites ; chaque famille a la sienne, comme
en Angleterre. Saint-Pétersbourg et Odessa font
seules exception à cette règle. Là, la population
occupe des maisons à six et sept étages, plus
hautes que celles de Paris. Ces énormes bâtiments
présentent un singulier aspect, dans les quartiers pauvres d'Odessa : la poussière des steppes
leur donne l'air d'avoir été badigeonnées avec

du bouillon de pois ; les fenêtres sont toutes petites ; la plupart des carreaux manquent et sont remplacées par des feuilles de papier huilé, à cause de la cherté du verre. Un verre de montre coûte un rouble à Odessa ; un carreau ordinaire, huit francs. Ailleurs, ces prix sont encore plus élevés, en sorte que l'enfant qui casse une vitre commet une de ces infractions au décalogue domestique pour lesquelles le père ne sait pas de pardon, malgré son tempérament habituellement apathique. Odessa a la réputation d'être la ville la plus libérale de l'Empire (1), et la plus jolie après la capitale. Il y a environ dix ans, elle a réussi à se faire paver, après une série de tribulations qui menacèrent longtemps de demeurer interminables. En 1815, au lendemain de la grande paix, une taxe dite de pavage avait été imposée ; les *tschinovnicks* mirent l'argent dans leur poche. Alors le prince Woronzow, gouverneur de la Chersonèse, frappa un nouvel impôt ; puis, après réflexion, il employa les fonds à construire un grand escalier monumental qui va du beau boulevard, d'où on domine la mer, au rivage, et qui ne sert à personne. Plus tard, un en-

(1) Kiew et Moscou sont les deux grands centres conservateurs.

trepreneur anglais offrit de se charger du pavage ; il s'entendit avec les *tschinovnicks*, obtint une avance de capitaux et disparut. Les habitants, pourtant, ne se découragèrent pas. Un très-intelligent *golova*[1] s'arrangea avec quelques-uns d'entre eux, des plus influents et des plus riches, pour faire paver la ville à l'aide d'une souscription publique, présentée sous la forme d'une taxe volontairement consentie. Mais ayant négligé d'envoyer des *douceurs* aux bons endroits, il fut suspendu par le gouverneur civil pour s'être mêlé de ce qui ne le regardait pas, et les plans de pavage furent expédiés, pour la quatrième fois, au bureau des travaux publics, à Pétersbourg. On répondit, au bout de deux ans, que le travail serait fait par les ingénieurs de l'État. Les percepteurs d'impôt reprirent leurs tournées ; des charrettes de pavés se montrèrent peu à peu dans chaque quartier, mais tout cela n'aboutit qu'à de nouvelles déceptions pour les interessés, et il ne fallut rien moins qu'une visite du Tzar actuel à Odessa pour que la population obtînt de ne plus circuler dans la poussière, durant l'été, et dans la boue pendant

(1) Bourgmestre.

l'hiver, après avoir payé et repayé maintes fois pour être délivrée de ce double supplice. Des faits du même genre se produisent partout; la plupart des villes russes réclament, aussi inutilement que le fit Odessa, pendant un demi-siècle, qu'on s'occupe de les paver et de les éclairer. L'Empereur ne peut pas passer sa vie à voyager.

Les rues d'une ville russe frappent l'œil par la quantité d'enseignes qu'on y voit, et par la variété des couleurs, bleu, jaune, gris-pomme, etc., des devantures de boutiques. On y trouve peu d'affiches. L'annonce est un monopole accordé à des compagnies qui se sont bornées jusqu'ici à recourir aux journaux pour l'insertion des réclames. Au coin de presque toutes les rues on aperçoit une petite niche avec une statue de la Vierge devant laquelle on est toujours sûr de rencontrer un groupe de Russes, tête nue, faisant le signe de la croix. Ces statuettes se retrouvent, du reste, en maint endroit : dans les bureaux de poste avec une petite lampe en dessous ; même dans les ignobles cellules où l'on enferme les ivrognes et d'où le passant les entend hurler, jour et nuit. La population se conduit généralement bien dans les rues. Si un

Russe heurte quelqu'un en marchant, il s'excuse poliment ; s'il aperçoit un nez qui tourne au blanc, durant l'hiver, il prend une poignée de neige et le frotte charitablement jusqu'à ce que la circulation soit rétablie. Des marchands ambulants promènent leurs étalages de champignons, de mouchoirs de coton, de brochures pieuses, de pain blanc et de *vareniches* (1) ; à l'exception des Grecs qui font, d'ailleurs, du bruit pour tout le monde, aucun ne crie. Les pigeons errent partout, avec leur désagréable odeur, sans qu'on songe à les chasser ; ce sont des animaux sacrés, et un Russe se laisserait mourir de faim plutôt que d'en tuer un et de le manger. On rencontre aussi beaucoup d'ours tenus au bout d'une chaîne, et dont les danses font la joie des passants. Personne n'est plus facile à amuser que le Russe. Dans les théâtres populaires, ses cris alternent avec ses larmes pour témoigner sa satisfaction ; dans les rues, il n'est pas rare de le rencontrer éclatant de rire, devant une caricature exposée à la porte d'une boutique. Les Russes sont également fanatiques de musique, et dans toutes les « maisons à thé », on trouve des or-

______

(1) Fromage grillé.

gues de barbarie. Ces instruments sont fabriqués à Moscou ; mais on en fait venir aussi de la Suisse ; il y en a qui exécutent des centaines d'airs, et qui coûtent plusieurs milliers de francs. Dans certains établissements du même genre, des chanteurs ambulants, en costume du Caucase, viennent chanter les mélodies de la Lithuanie, en s'accompagnant sur une guitare triangulaire. Chopin a mis en valses les plus jolies. Ces sortes de ménestrels portent une tunique de velours noir, ornée sur la poitrine de rangées de tubes en argent, dans lesquels ils logent leurs cartouches en temps de guerre, et leur tabac en temps de paix. Leur concert commence généralement par un de ces airs plaintifs que les *roussalkas*, ou fées des ondes, sont censées chanter en se jouant de leurs admirateurs, et se continue par quelque chant de guerre. Quand la soirée s'avance, le public demande une *vriska*, enlève les tables et se met à danser une façon de cancan, auquel les servantes ne manquent pas de se joindre, et qui dépasse en inconvenance les danses les plus excentriques du quartier latin. Les cloches sont très en faveur en Russie ; quand, le dimanche matin, elles font entendre leur carillon et leurs grandes sonneries, tout le monde a l'air de bonne humeur. C'est à Moscou qu'on les fond ; on les envoie souvent à Kiew pour y être bénites.

Les voleurs et les agents de police, mais ceux-ci particulièrement, sont le fléau des villes. Les Russes ne sont pas voleurs par tempérament, si l'on en juge par leur honnêteté relative dans les endroits où il n'y a pas de police ; mais, une fois dans les villes, le mauvais exemple que leur donnent les fonctionnaires et la faculté qu'ils ont de corrompre tout le monde avec de l'argent, pervertissent vite leurs bons instincts. Il est impossible de séjourner quelque temps en Russie, sans se demander si on y envisage le bien d'autrui de la même façon que dans les autres pays. Si vous faites une visite, et que vous laissiez votre manteau sur le siége de votre voiture, il n'y est plus quand vous revenez. Si vous sortez avec un chien, il disparaît au coin d'une rue. Les marchands ne mettent jamais un objet de valeur dans leur montre. Les chevaux eux-mêmes sont volés dans les écuries, si on ne prend soin de les faire garder par un personnel suffisant et de s'assurer, avant de se coucher, qu'il n'est pas ivre. Quelqu'un qui s'aventure à circuler la nuit, sans armes, s'expose à être assailli,

même à proximité d'une station de voitures, et à
être dépouillé de tout ce qu'il a sur lui, y compris
ses vêtements et sa chemise. Les cochers préféreront s'enfuir que de porter secours, de peur
d'être appelés ensuite en témoignage ; quant à
la police, elle courra vainement après le voleur,
et fera payer au volé, en honoraires, le double
de ce qu'on lui a déjà pris. Il va de soi qu'une
personne influente recouvrera toujours son bien ;
même, les agents se résigneront à acheter des
objets pareils, plutôt que d'être accusés de ne pas
bien faire leur métier. Un Français de qualité
perdit un jour sa lorgnette au théâtre d'Odessa,
et s'en plaignit au gouverneur civil qui prit l'affaire en main. Mais le coupable était sans relations
avec la police ; en sorte que le Français vit arriver, un beau matin, un agent qui lui remit une
lorgnette valant trois fois celle dérobée, en disant que les autorités seraient confuses si un étranger perdait quelque chose dans leur pays. Les
boutiquiers et les négociants paient très-souvent
à la police une assurance contre les voleurs ;
mais comme ces derniers sont généralement à
même de payer davantage pour qu'on les laisse
tranquilles, la précaution ne sert pas à grand'
chose.

Les voleurs russes ont cependant un bon côté : ils s'abstiennent de faire du mal aux personnes qu'ils dépouillent. Ce sont des voleurs de mœurs douces, qui vous enlèvent vos bottes fourrées, avec autant d'égards que si c'étaient les leurs que vous eussiez mises par erreur. Il faut un certain temps pour s'accoutumer aux habitudes de ce pays ; mais, quand on y est fait, on reconnaît que le Russe ne se montre jamais plus à son avantage que lorsqu'il s'enrichit aux dépens de son prochain.

VI

L'IVROGNERIE

Nous sommes, en passant à Odessa, dans une maison à plusieurs étages, dont le *dvornik* (1), hélas ! s'enivre souvent, malgré les nombreuses responsabilités qui pèsent sur lui et qui devraient lui imposer un peu plus de retenue. C'est lui

______
(1) Portier.

qui reçoit les loyers et qui donne les quittances ; qui veille à ce que les vagabonds et les chiens errants ne s'introduisent pas dans la cour ; qui donne l'alarme en cas d'incendie ; qui allume les lampes au pétrole, le soir, dans l'escalier ; qui jette de la cendre sur le trottoir, les jours où il gèle, et qui·balaie la neige à l'occasion. Tout manquement à l'un ou à l'autre de ces devoirs l'expose à une amende ; parfois à être battu, à huis clos, par la police. Cependant, il est ivre à toutes les fêtes, et notre *istvochik*, ou cocher, qui se grise avec lui, l'est encore davantage. Cocher et portier, fort heureusement, n'essaient pas de remplir leurs fonctions, quand ils ont trop bu ; ils se bornent à disparaître et à laisser leurs maîtres se tirer d'affaire comme ils peuvent. L'ivresse du *dvornik* entraîne invariablement le vol d'une partie du charbon mis, selon l'usage, dans la cour ; celle de l'*istvochik* oblige à louer une voiture, ce qui vaut mieux encore que de s'exposer à verser le long des acacias qui bordent les rues, ou à être précipité du quai dans le port, ainsi que cela est arrivé. Les deux hommes, du reste, sont de braves gens, une fois à jeun, et s'excusent sincèrement de leur faiblesse ; même, on est presque tenté d'avoir pitié d'eux, lorsqu'ils mêlent à l'expression de leur repentir la curieuse histoire des démêlés qu'ils eurent avec l'autorité pour avoir essayé, autrefois, de se corriger de leur vice.

Cela se passait, il y a une douzaine d'années, à l'époque où le commerce des spiritueux était affermé par le gouvernement à des spéculateurs qui profitaient de leur monopole pour vendre le *vodki* à des prix exorbitants. Les paysans, sachant qu'il y avait un tarif et se voyant impuissants à en obtenir l'application, à cause de l'entente qui existait entre les fonctionnaires et les monopoleurs, se formèrent en sociétés de tempérance, pour amener une réduction dans les prix. Mais, les intéressés s'étant plaints, les associations de « buveurs d'eau » furent dissoutes comme illégales. Pareille chose avait déjà eu lieu en 1854 et en 1859, antérieurement à l'affranchissement des serfs, et des mesures rigoureuses avaient même été prises alors, pour obliger le peuple à persister dans ses habitudes d'ivrognerie au profit du revenu public. Des agents de police et des soldats furent dépêchés dans les localités récalcitrantes ; des « buveurs d'eau » reçurent le fouet ; d'autres, plus obstinés, furent soumis au supplice de l'absorption forcée, à l'aide d'un entonnoir introduit dans la bouche ; d'autres furent mis en prison, sous l'inculpation de rébellion. Le clergé, en même temps, était invité à prêcher dans les églises contre la nouvelle forme de sédition, et les « censeurs de la presse » interdisaient toutes les publications dénonçant l'immoralité du commerce de l'eau-de-vie. En 1865, le peuple s'imagina qu'on ne le traiterait pas aussi cavalièrement, puisqu'il n'était plus en état de servage. De fait, on se borna à le malmener, à le prêcher, à lui imposer des amendes et on finit par substituer la concurrence au monopole. Les prix sont ainsi tombés, et les Russes de la basse classe s'enivrent plus que jamais. D'après les plus récentes statistiques, l'impôt sur les boissons produit un revenu annuel de plus de huit cents millions de roubles (1).

Mais revenons à notre cocher. Un matin, quelqu'un de la police vient nous prévenir qu'il a été arrêté la veille au soir, pour s'être battu dans la rue, étant ivre, et offre de le garder pendant trois ou quatre jours ; il balaiera les rues avec « la bande des ivrognes ». Un pareil exercice ne pourrait faire que du bien à l'*istvochik;*

(1) Wesselewski, *Statistiques annuelles.*

mais le point embarrassant n'est pas là. Donnerons-nous de l'argent à la police pour qu'elle laisse notre homme tranquille, ou nous exposerons-nous à ce qu'elle le garde sous les verroux pendant des mois, pour nous punir de notre lésinerie? Réflexions faites, nous produisons trois roubles et nous rentrons en possession d'Ivan Ivanowitch, dégrisé, reconnaissant, qui explique qu'il n'aurait jamais été arrêté si la police ne s'était sentie sûre que son maître paierait pour son élargissement. Il a raison; car le voilà maintenant, pour quelques mois, un personnage sacré aux yeux des agents. On peut le laisser courir, être querelleur et insolent; la police ne s'occupera plus de lui, jusqu'à l'heure où elle jugera qu'elle peut décemment réclamer trois autres roubles. Comme les personnages influents, les nobles, les évêques, le corps diplomatique sont à l'abri de ce chantage, leurs gens peuvent s'enivrer tant qu'ils veulent; de même les employés et les officiers jouissent personnellement d'immunités semblables. Mais le monde non officiel doit surveiller ses domestiques et soi-même, sous peine d'avoir des roubles à donner pour éviter d'autres désagréments. On peut, du reste, se voir puni pour sa sobriété aussi bien que pour l'excès contraire, ainsi qu'il arriva à un pauvre maître d'école polonais, que nous vîmes un jour sur le quai, maniant le balai, en compagnie de vauriens dont on avait fait des exemples... parce qu'on ne leur savait ni argent ni amis. Le crime de ce brave homme était d'avoir voué au mépris de ses écoliers « le roi *Vodki* » et d'avoir poussé quelques étudiants de l'université à entrer dans une société de tempérance. On l'avait invité à se taire; il avait continué; et, un soir qu'il regagnait paisiblement son domicile, deux agents s'étant jetés sur lui, sous prétexte qu'il était ivre, l'avaient conduit au poste où il s'était vu condamné à balayer les rues pendant trois jours.

Le fait est qu'en Russie, on ne doit pas se risquer à prêcher trop haut l'abstinence : les intérêts qui reposent sur le commerce de l'alcool sont nombreux, et il est imprudent de se les aliéner. Personne ne vous force à boire; les raskolniks (1), qui constituent certainement la partie la plus respectable du monde russe sont généralement très-sobres; mais ni eux ni les autres ne doivent s'aviser de faire des pro-

(1) Secte dissidente comprenant environ 10,000,000 d'adhérents.

sélytes. Nombre de gens éclairés qui déplorent cet état de choses, qui prêchent d'exemple leurs domestiques, et qui appuieraient énergiquement toute mesure de nature à remédier à ce mal, évitent cependant de le combattre ouvertement, de peur de s'attirer des ennuis. Quant aux écrivains et à la presse, ils sont absolument impuissants ; les « censeurs » refusant invariablement l'estampille aux écrits où la question de l'ivrognerie est posée et discutée en termes trop nets.

Avant l'abolition des monopoles, tout propriétaire pouvait établir une distillerie sur ses terres, à la condition d'en vendre le produit à la compagnie fermière du *Vodki*. De son côté, celle-ci avait le droit d'installer des auberges où elle voulait, sans que le maître du terrain eût d'autre faculté que celle de désigner l'emplacement. A présent que le commerce des spiritueux est libre, les permis de distiller et de vendre sont délivrés par le gouvernement, — ce qui veut dire, achetés au *Tschinn*, — et presque tous les propriétaires en ont un. Le prince *** (appelons-le Wiskoff) pourrait avoir le sien, et souvent il a songé à se le procurer ; mais il y a renoncé, faute de capitaux assez considérables pour lutter

avec son ennemi intime et voisin, le prince Runoff, qui, lui, a une distillerie en pleine opération
et qui inonde le district de ses produits. Les principaux agents du prince sont les prêtres. Ils rece-
vaient, autrefois, une commission, sur la vente du
vodki dans leurs paroisses; aujourd'hui, on se borne
à leur faire un cadeau, à Pâques, sous la réserve
tacite qu'ils pousseront à la consommation de
l'eau-de-vie, par tous les moyens en leur pouvoir.
Naturellement, ces dignes gens ne vont pas jusqu'à engager leurs ouailles à boire outre mesure ; mais ils multiplient les fêtes où on a l'habitude de se griser, ils déclarent que les excitants
sont nécessaires dans les pays froids et ils ne
reprennent jamais un paysan dont l'intempé-
rance est notoire. L'agent foncier du prince, le
percepteur, l'officier de recrutement contribuent,
de leur côté, à cette même propagande en choi-
sissant l'auberge du village comme centre d'opération ; il n'est pas jusqu'au docteur qui ne la
seconde, en prescrivant le *vodki* dans toutes les
maladies possibles. Ce système fonctionne dans
les villes encore mieux que dans les campagnes.
Quand le cocher Ivan va prendre l'air, il est
attiré dans les « maisons à thé » par les sons de
l'orgue, et on ne manque pas de lui servir de

l'eau-de-vie avec son thé. S'il conduit son maître à une soirée, les domestiques l'entraînent dans le sous-sol et lui donnent à boire autant qu'il veut ; s'il va chez le marchand d'avoine, chez le vétérinaire, chez le sellier, l'absorption de plusieurs verres servira de préface à toutes les transactions; s'il rend visite à un parent, on le fêtera avec le *vodki*. Il en est de même pour le portier : vient-il remettre une lettre ou recevoir les loyers, il est forcé de boire à chaque étage, en sorte que l'étonnant, vu ces habitudes hospitalières, est non pas qu'il soit ivre, mais qu'il ne le soit pas plus souvent. Aussi, lorsque l'on parle d'un serviteur modèle en Russie, cela veut dire qu'il s'enivre seulement les jours fériés.

VII

LES MARIAGES

Les mariages russes s'arrangent généralement par l'intermédiaire des prêtres. Comme il s'y mêle toujours une question d'intérêt, il est important qu'il n'y ait pas d'erreur commise, soit dans l'évaluation de la dot, soit autrement ; et l'intervention d'un membre du haut clergé devient ainsi nécessaire. Les archimandrites font une grande partie de la besogne qui incombe aux notaires, dans d'autres pays ; seulement, leur concours est plus dispendieux, et une fraction de la dot est exposée à disparaître entre leurs mains. Un fiancé qui se respecte, doit faire un don à un monastère et un autre à l'église de sa paroisse. Sa future est tenue d'habiller une vierge en brocard d'argent enrichi de pierres précieuses ; dans certaines localités de la Russie méridionale, elle joint à ce présent deux colombes blanches pour le pope, dernier vestige, peut-être, du culte de Vénus. Un homme ne peut pas se marier, au-dessous de trente ans, sans le consentement de ses parents ; une femme, au-dessous de vingt-cinq. Mais les jeunes gens ont la faculté de s'adresser aux autorités civiles, quand les parents s'opposent à leur union, et ceux-ci sont alors sommés de faire connaître la cause de leur refus. Les raisons d'intérét sont rarement admises, à moins que l'un des deux fiancés ne doive hériter un jour de biens en fonds de terre ; auquel cas, l'incident est déféré au maréchal de la noblesse

qui juge, d'après les circonstances spéciales à chaque contestation, plutôt que d'après des règles
précises et définies. Ces appels sont, du reste, des
exceptions; les Russes sont un peuple enclin au
mariage et cherchent à « établir » leurs enfants
de bonne heure. Dans la classe moyenne et dans
la basse classe les hommes se marient à vingt ans,
lorsqu'ils ne sont pas pris par la conscription ; dans
l'aristocratie, un jeune gentilhomme doit voyager avant de prendre femme, mais il est souvent
fiancé, avant son départ, à une jeune fille encore
en pension, et il l'épouse dès son retour. Il y a peu
de pays où les vieilles filles soient aussi rares qu'en
Russie, et où cette qualification soit plus tournée en
ridicule. Quand une femme est arrivée à vingt-cinq
ans sans être demandée, elle fait ce qu'on appelle
un pèlerinage si elle est pauvre, ou une tournée
de voyage si elle est riche ; dans l'un ou l'autre
cas, on la voit reparaître, quelques années plus
tard, ornée du titre de veuve. Les veuves sont
aussi nombreuses que les célibataires le sont peu ;
et celles dont personne n'a connu les maris sont
plus nombreuses encore que les autres. L'étiquette
interdit de parler, devant une femme, de son
mari défunt; c'est là une habitude qui peut être
commode pour plus d'une d'elles.

Lorsqu'un mariage est décidé, on donne une fête, dite des fiançailles; la future mariée coupe une boucle de ses cheveux, en présence de témoins, et la remet à son fiancé qui lui offre, à son tour, un anneau en argent orné d'une turquoise, un gâteau aux amandes et un peu de pain et de sel. A partir de cet instant, les deux jeunes gens sont liés l'un à l'autre, et leurs parents eux-mêmes ne peuvent plus rompre le mariage que du consentement de leurs enfants. En pareil cas, on se renvoie, de part et d'autre, l'anneau et les cheveux. Une telle importance s'attache à l'anneau, du moins dans le nord de la Russie, que les gens trop pauvres pour s'accorder le luxe de la turquoise et de l'argent, les remplacent par l'étain et un morceau de pierre bleue. Ces bagues de fiançailles sont gardées précieusement comme des reliques de famille, mais elles ne peuvent pas servir deux fois : un fils ne peut pas donner à sa future l'anneau que reçut sa mère. Peut-être le clergé, qui vend ce genre d'objets, est-il seul à même d'expliquer ce mystère.

Le jour du mariage, la femme se rend à l'église en robe blanche, avec un bouquet de fleurs d'oranger au côté ; mais c'est seulement dans les classes riches que cette habitude, empruntée aux usages d'autres pays, est rigoureusement suivie. La vraie couleur nuptiale, en Russie, est le bleu clair, et une petite couronne en ruban argenté remplace la fleur d'oranger. L'anneau de la mariée est en or, ou en tout autre métal jaune; généralement il est double, avec des étoiles enchâssées dans la monture. Celui du marié n'a aucun ornement; les époux les échangent au pied de l'autel. Les popes insistent beaucoup pour que les bagues de mariage soient en métal pur; aussi les vendent-ils eux-mêmes, prétendant, ce qui n'est pas sûr, que c'est le meilleur moyen pour les fidèles de n'être pas trompés. Après le service, au cours duquel, dans certains districts arriérés, la mariée brise un vase en terre pour montrer qu'elle est prête à tout sacrifier à son mari, il y a un banquet où la bière, appelée *kvass*, et les gâteaux aux amandes, jouent un grand rôle. Les mariages ne sont pas toujours célébrés à l'église. Dans le monde élégant, ils ont lieu le soir, dans un salon, à la lueur des bougies. Le banquet est suivi d'un bal, ensuite d'un souper; alors, dans les maisons où l'on observe les vieilles coutumes, on apporte une pantoufle en satin, qui est censée appartenir à la mariée, et on s'en sert comme d'un verre pour

boire à la santé des époux jusqu'à ce que, à force
de circuler de main en main, le vin qu'on y a
mis passe à travers. Lorsqu'il y a des discours,
c'est le père de la femme qui répond, pour indi-
quer qu'un père conserve son autorité sur son
enfant, même après qu'elle est mariée. Il peut
la rappeler chez lui pour le soigner, quand il est
malade. S'il devient veuf, il peut la sommer de
venir tenir son ménage, pendant les trois premiers mois de son veuvage. Si sa fille perd son
mari, il peut la reprendre sous son toit et il devient de droit le tuteur des enfants. La mère n'a
aucun de ces privilèges.

Le divorce n'est pas permis en Russie ; mais un
mariage peut être annulé pour vice de forme, et
cela arrive souvent. C'est simplement une affaire
d'argent, comme presque tout, du reste, dans
l'empire des Tzars. En Lithuanie, et dans certaines parties de la Petite-Russie, il est d'usage que
le parent le plus proche de la mariée lui donne
une tape sur la joue au moment de la conduire
au prêtre. Les Russes racontent aux étrangers que
cette tape a pour but de rappeler au sexe faible
qu'il doit veiller sur sa conduite ; mais la vérité est que cette coutume est destinée à établir
que la femme s'est mariée de force, circonstance

qui suffit à lui rendre sa liberté. Dans quelques localités, la date de la cérémonie est laissée en blanc sur le certificat, ce qui fournit encore un prétexte à divorcer. Dans la Chersonèse, le pope omet à dessein d'inscrire les âges des parties. Mais, en réalité, toutes ces précautions sont superflues, car les lois sur le mariage sont si nombreuses qu'un couple qui veut se séparer, découvre immédiatement un ukase dont les prescriptions ont été enfreintes lors de leur union.

C'est le clergé qui prononce la nullité d'un mariage, et il ne recule devant aucune complicité pour y arriver, lorsqu'il y trouve son intérêt. Il n'est pas rare qu'une femme dégoûtée de son mari lui fasse acheter, par l'homme qu'elle voudrait épouser, l'autorisation de se séparer; cela s'est même produit dans des familles desquelles on aurait pu attendre plus de respect des convenances. Il y a une douzaine d'années, un décret impérial interdit aux employés de la Couronne, d'un rang inférieur au cinquième, de demander des annulations de mariage, sans l'autorisation de leurs chefs; ce qui indique clairement que les prétextes allégués n'étaient pas toujours sérieux. Les femmes séparées, qu'elles soient remariées ou non, sont reçues dans le monde;

même celles qui ont divorcé deux ou trois fois.
On voit que la morale russe, dans les questions
de mariage, est passablement élastique.

Les Russes font de bons maris, du moins à leur
façon ; ils ont de l'indulgence, un bon caractère et
pas de jalousie ; mais, dans la haute classe, ce sont
d'incorrigibles.. *flirters ;* et, dans la basse classe,
des ivrognes. On voit souvent, dans les villages,
des *mujicks* battre leur femme sans que personne accoure aux cris de la malheureuse. Il est
admis, dans ce public-là, qu'un homme a le droit
de battre sa compagne, et que celle-ci ne peut pas
se plaindre. En cas d'infidélité flagrante, un Russe
peut faire emprisonner sa femme pendant un an
et lui faire donner le fouet, par-dessus le marché,
si elle n'est pas de sang noble ou d'une famille
de prêtre ; ce droit toutefois est rarement exercé.
Les femmes n'ont aucun droit sur leur mari ;
leur sujétion au sexe fort, qui est le trait saillant
des mœurs orientales, prévaut dans tous les usages de l'empire moscovite. Le mari peut témoigner en justice contre sa femme, la femme ne
peut pas déposer contre son mari ; un homme
peut obliger sa femme à travailler pour lui, la
femme ne peut pas exiger qu'il lui fournisse
les moyens de vivre, et, quels que soient ses torts,

elle est désarmée vis-à-vis de lui. Les habitudes orientales se retrouvent encore dans la réclusion presque complète des femmes de la classe moyenne. Il faut connaître un commerçant depuis longtemps, pour qu'il se décide à vous présenter sa femme, et il faut être avec lui dans une bien grande intimité, pour qu'il lui permette de s'asseoir à table en votre présence. Les femmes russes sortent avec leurs enfants, rarement avec leur mari, et les hommes de leur connaissance qui les rencontrent dans la rue ne sont pas obligés de les saluer. Une des choses qui étonnent le plus les Russes des villes de l'intérieur, lorsqu'ils vont à Pétersbourg, à Moscou ou à Odessa, est de voir les deux sexes se mêler ensemble sur les promenades et dans les lieux de plaisir. Quant au spectacle des femmes mariées, assises, les épaules nues, dans les loges de théâtres, il achève de les suffoquer.

CHAPITRE DEUXIÈME

LES CHAMPS

—

I

UN PRINCE RUSSE

Le lecteur est invité à se transporter du côté de la province de Kherson, dans un château délabré, qui date de l'époque où le duc de Richelieu, exilé de son pays, reconnaissait l'hospitalité russe en faisant d'Odessa une ville florissante. Le *kniaz* ou prince qui le construisit, était un gentilhomme du troisième degré qui, chiffrant sa fortune en têtes de paysans, selon l'usage encore reçu il y a seize ans, se vantait de posséder vingt mille serfs. Ami du duc, sans doute, il chercha à donner à sa résidence un air de ressemblance avec ces castels d'autrefois qu'on trouve dans certaines parties de la France. Il la fit flanquer de deux tourelles et surmonter du colombier, qui témoignaient

au loin des droits seigneuriaux des châtelains
français ; il n'oublia pas le moulin, où ses esclaves affectionnés viendraient faire moudre leur
blé, moyennant une redevance annuelle ; enfin,
au milieu de la cour d'honneur, un piédestal en
granit marqua la place où ce gentilhomme éclairé
projetait d'élever sa statue, pour couronner di-
gnement l'œuvre de son architecte.

Mais, comme une foule d'autres choses com-
mencées en Russie dans un beau mouvement
d'enthousiasme, la maison du prince Wiskoff ne
fut jamais terminée ; et son propriétaire, ayant
reconnu, un jour, que les glaces qu'il avait ac-
crochées aux murs du grand salon, sans attendre
l'achèvement du toit, commençaient à se ternir,
pendant que lui-même ressentait les premières
atteintes du lumbago, retourna à Saint-Pétersbourg en déclarant que les gens qui s'enflam-
maient pour le progrès avaient toujours à s'en
repentir. Son fils ne mit jamais les pieds dans
cette résidence, prématurément menacée de
ruine. Son petit-fils n'y vint qu'en de rares occasions, lorsqu'il avait besoin d'argent et qu'il s'i-
maginait que son intendant le volait. Quant au
prince actuel, si nous le trouvons installé dans
une demeure que la pluie, les rats et les années

ont mise en si piteux état, c'est pour la pénible raison que ses finances ne lui permettent pas de vivre ailleurs. Serge Wiskoff a quarante ans, dont la meilleure partie s'est passée à Paris. Il s'est marié il y a dix ans et, ayant laissé la dot de sa femme sur les tables de jeu de Monaco, il reste aujourd'hui sans un kopeck, père de cinq enfants et conseiller de la Couronne.

Cette dernière qualité n'implique pas, d'ailleurs, que le prince Wiskoff aille jamais offrir ses conseils à la cour ; elle indique simplement qu'il appartient à la septième catégorie du *Tschinn*, — ou organisation de la noblesse, — et qu'il est censé occuper, parmi les fonctionnaires de l'administration, un rang équivalent à celui de lieutenant-colonel. Sans cet enrôlement fictif dans le service civil, enrôlement qui ne fut pour lui qu'une pure formalité destinée à le classer dans cette hiérarchie officielle en dehors de laquelle un noble n'existe pas en Russie, le prince compterait pour rien. Il a commencé, à vingt ans, par être greffier de collége, sans jamais rien enregistrer ; il est devenu, un peu plus tard, secrétaire dans une province, sans y paraître, même une seule fois ; il a reçu successivement, toujours en continuant de ne rien faire, divers autres titres redondants ; enfin, il a atteint son grade actuel, qui lui vaudra bientôt de nouvelles dignités. Comme chaque promotion se traduit pour le trésor par l'alignement d'une somme assez ronde, le prince ne court pas le risque d'être oublié. A vrai dire, cette façon d'élever les gentilshommes à des fonctions qu'ils ne remplissent jamais semble n'être qu'un moyen ingénieux de leur faire payer un impôt tout en flattant leur vanité.

La princesse — ou la *barina*, comme on l'appelle sur ses terres — est si loin de se plaindre des promotions coûteuses de son mari, qu'elle donnerait volontiers les quelques diamants dont elle dispose encore, pour qu'il arrivât de suite à un rang qui lui permettrait de se faire appeler « votre haute origine », au lieu de « votre haute noblesse », comme maintenant.

Ses voisins, les Runoff, des intrigants qui ont réussi péniblement à mettre quelques roubles de côté pour gagner les faveurs des employés des ministères, sont déjà « hautes origines » et font sonner ce titre aux assemblées de la noblesse, avec une morgue insupportable.

L'un d'eux eût même été élu, récemment, maréchal des gentilshommes du district, si le comte Stampoff, auquel la famille avait fait boire trop de

champagne pour mieux obtenir sa voix, n'avait
commis la bévue, étant gris, de donner son vote
au plus digne. Tout cela est préoccupant.

Car les assemblées de la noblesse, qui se renou-
vellent trois fois par an, sont les seules occasions
où l'aristocratie ait un rôle à jouer, bien qu'il ne
dure guère plus de deux heures. Elle élit un
maréchal, les délégués de la noblesse, les inspecteurs de la police locale, les maîtres d'école et les
juges de paix. Elle désigne ceux de ses membres
qui auront à vider les questions d'héritage, à
apprécier les accusations d'indignité portées par
un noble contre un autre, à s'occuper des routes,
des impôts et du reste. Pendant trois jours, les
princesses et les comtesses des environs se donnent mutuellement des fêtes. Pourquoi la barina
Wiskoff, qui sait si bien faire les honneurs de son
« palais », n'aurait-elle pas, à son tour, ses petites
jouissances d'amour-propre ?

Des 650,000 nobles dont la Russie est gratifiée
— sans parler des 350,000, dont le titre n'est pas
héréditaire — un grand nombre — des milliers
— sont dans la situation du prince Wiskoff : ruinés et oisifs.

Peut-être sied-il de dire, pour leur excuse, qu'ils
n'ont dépensé leur fortune que faute d'avoir

mieux à faire ; car si un gentilhomme n'a pas de goût pour l'armée ou pour les postes officiels, à quoi peut-il s'occuper, dans un pays où l'esprit d'initiative est combattu et entravé par système ? Le prince a des terres qu'il ne songe ni à défricher ni à vendre, parce qu'il sait qu'il n'en tirerait rien. Il n'y a autour de lui, ni routes, ni canaux ni chemins de fer ; et, si ses amis et lui se mettaient en tête d'en construire, les pots-de-vin qu'il faudrait donner pour faire sanctionner leurs plans, absorberaient tous les capitaux qu'ils pourraient parvenir à réunir.

Le voyageur qui parcourt la Russie méridionale est frappé de l'énorme quantité de terres incultes qu'il traverse, terrains qui, labourés et ensemencés avec du blé, seraient vite devenus le grenier de l'Europe. Là encore on rencontre des champs entiers, chargés d'épis, qu'on laisse pourrir sur leurs tiges plutôt que de les couper ; des troupeaux de bestiaux errant à l'aventure, sales, boueux, malades, faute de bergers pour les garder. Plus loin, c'est une superbe plantation de tabac, essai d'un boyard entreprenant, qui se perd, parce que l'impôt à payer pour avoir le droit de la couper et pour élever des ateliers propres à la préparation des feuilles, épouvante le propriétaire. Le maïs, le houblon et la vigne pousseraient à merveille dans la Russie du sud, et les capitaux de tous les pays s'associeraient volontiers à l'exploitation de ces cultures ; mais la rapacité du *Tschinn* effraie les spéculateurs, si bien que Serge Wiskoff, qui est un peu lui-même un *tschinovnick*, comprend qu'il est inutile d'essayer d'appeler à son aide la spéculation étrangère. Comment lui en vouloir si, s'ennuyant dans son château, il est allé vivre à Paris tant qu'il a eu de l'argent ; et s'il a dépensé un peu trop rapidement la fortune de sa femme et la sienne, lui habitué à se croire l'éternel possesseur de vingt mille serfs, astreints à ne lui marchander ni leurs sueurs ni leurs épargnes ?

De fait, l'émancipation des paysans a consommé la ruine du prince. Accompagnée d'autres mesures qui eussent délivré le pays des liens administratifs et officiels qui l'enserrent, cette réforme aurait pu produire les plus heureux résultats. Faite comme elle l'a été, elle a simplement privé la noblesse de ses revenus, sans lui laisser, en retour, la possibilité de se créer d'autres ressources, en cherchant à accroître le rendement de ses terres. Aussi, le prince Wiskoff et la *barina*, sa femme, se voient-ils condamnés à vivre dans une demeure presque délabrée, dont les murs sont crevassés et dont le toit s'ébranle au moindre vent. Des porcs maigres, décharnés, errent dans leur cour ; le pope du village donne des leçons à leurs enfants ; « l'agent foncier » du district vient quelquefois, le soir, boire du *vodki* et jouer à l'écarté ; la *barina*, quand elle n'a pas de soucis domestiques, s'étend sur un sofa et lit des romans français. Pourtant Serge Wiskoff est un esprit intelligent qui, avant d'être éteint par l'oisiveté et par la gêne, paraissait destiné à une meilleure vie que celle-là ; et sa femme sent si bien que son genre d'existence est indigne d'elle, que, pendant des années, elle s'est ingéniée à trouver des moyens de se procurer de l'argent, pour aller à Paris, en compagnie de son mari, dans un bon et brillant hôtel.

La guerre, naturellement, a mis fin à ces rêves, car la princesse a envoyé le peu de diamants qu'elle possédait encore, au comité de secours pour les blessés, et le prince a fait de même. Tous deux sont convaincus que la conquête de la Turquie leur réserve d'agréables surprises, et Serge Wiskoff se voit déjà, en Bulgarie, investi de la mission d'étendre à ce pays les bienfaits du régime dont est gratifié l'empire russe.

II

UN VILLAGE ÉMANCIPÉ

L'habitation du prince Wiskoff est située à peu de distance d'un village qui n'a pas moins de deux kilomètres en longueur, et dont la rue principale a deux fois la largeur de la rue de la Paix. Ces dimensions exceptionnelles s'expliquent par ce fait qu'en avant de chaque maison s'étend une immense cour mesurant près de 5,000 mètres carrés, laquelle ne sert, d'ailleurs, qu'à recevoir la poussière qui s'y accumule durant l'été ou la boue liquide et fangeuse qui s'y forme durant l'hiver. L'idée de transformer ce terrain en jardin potager n'est jamais venue à personne ; et le gouvernement, qui se mêle de tant de choses, n'a pas jugé utile d'apprendre aux paysans qu'en y semant des pommes de terre, de la salade ou des navets, ils amélioreraient à bon marché leur ordinaire, tout en se ménageant l'occasion de quelques profits. Le paysan russe ne cultive guère que le chou blanc. Il le plante derrière sa maison ; il s'en sert pour faire sa soupe, après l'avoir laissé fermenter. Ce légume et une sorte de brouet de maïs forment toute son alimentation. Les œufs, le beurre, le lait, le fromage, la viande de porc, qu'on consomme habituellement, à la campagne, dans la plupart des pays, sont inconnus des villageois russes.

Physiquement, du reste, ceux-ci ne ressemblent guère aux autres paysans. Les femmes ont la face aplatie, le bord des paupières rouge, les narines larges, les cheveux comme de l'étoupe ; elles portent de grandes bottes et de longs vêtements en peau de mouton, à peu près semblables à ceux des hommes. Paresseuses, sans entrain, elles sont taciturnes et silencieuses, contrairement aux habitudes de leur sexe, à moins qu'elles ne se soient grisées avec de l'eau-de-vie de blé, auquel cas elles deviennent bruyantes et violentes. Les hommes ont, eux aussi, besoin de boire du *vodki* pour sortir de l'état de torpeur dans lequel ils sont généralement plongés, quoiqu'on puisse en obtenir quelque chose avec une pièce de dix kopecks.

Regardez dans les huttes qui servent de logements à ces types bizarres et étranges : une couche de fumier durci tient lieu de plancher ;

une table, deux bancs, un poêle, une statuette en
fer de la Vierge, dans une niche, constituent
tout l'ameublement. Pas de lit, pas d'armoire,
rien qui montre qu'on se lave et qu'on porte du
linge. Le dessus du poêle est l'endroit où l'on
dort durant l'hiver; l'été, la mère, le père et les
enfants s'étendent pêle-mêle, les uns auprès des
autres, comme des chiens dans un chenil. Il n'est
pas nécessaire d'attendre la nuit, pour voir une
famille dormant ainsi. Souvent, son repas de
midi achevé, le paysan s'allonge pour toute
l'après-midi, comme si, hormis le *vodki*, il ne
savait rien d'aussi bon que le sommeil et l'oisiveté.

De fait, pourquoi travaillerait-il puisqu'on ne
lui a jamais permis de sentir les bienfaits du
travail? Nous sommes dans un village dont les
habitants étaient tous serfs du prince Wiskoff,
avant l'émancipation. A cette époque, l'intendant
du prince ne manquait pas de les mettre à la
tâche, pour que son maître pût courir les maisons
de jeu ; mais comme, quelque peine qu'ils pris-
sent, leur situation ne s'améliorait jamais ; comme,
au contraire, ils étaient d'autant plus exploités
qu'ils se montraient plus laborieux, ils prirent le
travail en horreur et l'ukase d'affranchissement
fut simplement pour eux un signal de repos

Cette idée s'est enracinée, depuis, dans leur esprit.
Ils ne se refuseront pas à donner, de temps en
temps, un coup de main, si on les paie ; ils con-
sentiront même à semer des légumes devant leurs
huttes, si on leur en fournit les graines ; mais
quelque chose leur dit que, s'ils amélioraient leur
condition, cela ne servirait qu'à attirer sur eux
l'attention du « collecteur d'impôts ». Ce fonctionnaire, le « jaugeur », l'agent foncier qui
loue les terres, le juif d'Odessa qui prête de l'argent semblent tous s'être ligués pour empocher
les gains du *mujick;* s'ils ne lui enlèvent pas
tout, le prêtre de la paroisse se charge d'encaisser
le reste.

Le paysan, du reste, donne volontiers, sinon
aux prêtres qu'il déteste, du moins à l'É-
glise. Dans ce misérable village, si sale, si
pauvre qu'un chien y trouverait à peine un os à
ronger ; au milieu de cette poussière, de cette
boue, de ce fumier, s'élève un temple dont
s'enorgueillirait une capitale. Superbe à l'extérieur, il est rempli à l'intérieur de splendides
trésors, achetés dans la sainte cité de Kiew. L'autel est de marbre ; les chandeliers, d'argent ; les
images, les croix, les tableaux sont incrustés d'or ;
de même, les vêtements du prêtre ; de même, le

plateau qui sert à la communion ; le bénitier est taillé dans un énorme bloc de malachite. Pendant des siècles, la piété ou la superstition des Wiskoff, de leurs intendants, des *mujicks*, de tout le monde en un mot, a enrichi cette église. Autrefois, un serf qui obtenait sa liberté ne manquait jamais d'apporter son offrande à ce sanctuaire ; et, s'il prospérait, plus tard, comme marchand, il ne négligeait pas d'y envoyer, chaque année, un souvenir ou une aumône pour mériter que la chance continuât de le servir. Les Wiskoff, eux aussi, quand ils gagnaient ou perdaient au jeu, trouvaient toujours de l'argent pour acheter un calice ou une statuette et, aujourd'hui encore, les paysans se cotisent tous les ans pour acheter quelque coûteux présent dont la richesse les console de leur pauvreté. Pour le *mujick*, effectivement, l'église est beaucoup plus un *home* que la hutte qu'il habite. Il y entre à toute heure du jour, et s'agenouille pendant des heures devant l'autel de son saint favori, en extase devant les merveilles qui semblent produire dans son esprit comme des visions du paradis. Peut-être rêve-t-il vaguement d'être lui-même un jour vêtu de brocart d'or, comme la statue de son saint ; en tout cas, qu'il soit ivre ou mort de faim, il ne volera jamais une épingle à l'église. Un brigand de profession lui-même n'oserait pas commettre un pareil sacrilége.

Parfois, en voyageant dans les steppes déserts, on rencontre des troupes de petits hommes trapus montés sur des chevaux rabougris, les cheveux épars derrière le dos, avec des armes à la ceinture ; ce sont des bandits de grands chemins qui volent les bestiaux errants et qui pillent les colporteurs juifs. Mais qu'ils découvrent dans le bagage de leur victime un ornement d'église, si précieux qu'il soit, ils se signeront pieusement sans oser y toucher et se borneront à prendre les objets plus profanes, fourrures, couteaux, vases en corne, médaillons de cuivre, dont on sait que les saints ne font pas cas. Un jour, un colporteur qui avait avec lui une boîte pleine de bijoux, se tira d'affaire en exhibant un ossement de martyr, acheté dans les catacombes de Kiew. Les voleurs prirent seulement le temps de s'assurer que l'os portait la marque de la ville sainte (une colombe et une croix) et s'enfuirent sans oser le voler.

Mais, voici un nuage de poussière qui tourbillonne sur la route du village, et du milieu duquel résonne le *yahoop* d'un cocher. C'est le prince

Serge Wiskoff qui se rend à la messe dans son *paracladnoi*, une sorte de char à bancs traîné par trois poneys qui galopent comme le vent. Le conducteur, perché sur un siége élevé, fouette sans pitié son attelage et crie comme un possédé, parce qu'une entrée moins bruyante siérait mal, selon lui, à la dignité de son maître, surtout quand celui-ci va à une fête de saint, une de ces fêtes fréquentes en Russie, où tout travail est suspendu et où la population entière se consacre à la dévotion et au vodki. Le prince est trop versé dans la littérature française pour n'être pas un voltairien ; mais il a la prudence de ne pas négliger les pratiques extérieures de son culte ; autrement, le prestige qu'il a encore auprès de ses anciens serfs disparaîtrait. Aujurd'hui les paysans le traitent encore avec un respect presque servile. Ils ne s'agenouillent plus à deux genoux quand il descend sous le porche de l'église, comme ils l'eussent fait jadis ; mais ils s'inclinent profondément devant lui, l'appellent « petit père », et lui tendent la main pour qu'il y jette quelques kopecks.

Les Wiskoff n'ignorent pas, d'ailleurs, que les gens du village s'imprègnent peu à peu de certaines idées, dont l'application, en temps de trouble, pourrait être fort déplaisante pour les familles nobles impopulaires. Aucun journal ne pénètre parmi eux ; le pope du village ne parle pas politique et l'homme qui débite l'eau-de-vie est taciturne. Pourtant il n'est pas un paysan qui ne dise tout bas que le Tzar — « leur bon père » — ferait beaucoup de choses pour son peuple, si la noblesse ne l'en empêchait pas. Il entend dire cela aux pélerins qui se rendent à Kiew, en mendiant de hameau en hameau ; au colporteur juif, qui hait le gouvernement, l'aristocratie et le *tschinn ;* au soldat qui revient, après quinze ans de service, aigri et sans argent ; aux membres des nouvelles sectes qui arrivent, un beau jour, débiter leurs sottises dans le village et qui disparaissent, cela fait ; il l'entend dire encore aux émissaires de certaines associations secrètes qui sèment partout le mécontentement, avec une impunité d'autant plus sûre qu'ils disposent de fonds pour corrompre la police. Le *mujick* ne souhaite pas de renverser le Tzar qui est pour lui la source de toutes les bénédictions ; mais, au premier signal de révolte, il se lèvera, au nom de son empereur, contre les nobles et les agents du fisc. Malheur à ceux qui essaieront de le contenir, à cette heure où il aura pris les armes pour le triomphe de ces idées creuses et irréalisables qui germent dans le cerveau des ignorants et des parias!

III

UN VILLAGE EN COOPÉRATION

Comment se fait-il que le prince Wiskoff, propriétaire de tant de champs fertiles, ne cherche ni à les cultiver ni à les vendre, et reste pauvre? Comment se fait-il que les paysans de son village s'obstinent dans une nonchalance telle, qu'on la dirait intéressée? Les paysans ne travaillent pas, parce que les pièces de terre qu'ils ensemencent ne leur sont louées que pour un an, et qu'ils ne trouvent aucun profit à améliorer des terrains qui leur sont concédés pour si peu de temps. S'ils produisaient de belles récoltes, leurs fermages seraient élevés, et leurs impôts aussi. En outre, ils doivent tous de l'argent, soit aux usuriers qui leur ont avancé les sommes nécessaires à l'achat de leurs outils, soit à leur propriétaire avec lequel ils sont toujours en retard; en sorte que, s'ils venaient à prospérer, cela ne servirait guère qu'aux autres. Dans leur situation actuelle, ils donnent au percepteur ce qu'ils doivent, à leur maître ce qu'ils peuvent ; et celui-ci préfère encore voir ses terres pâtir de leur façon barbare d'entendre l'agriculture que de n'en rien tirer du tout. Peut-être se demandera-t-on pourquoi il ne fait pas de plus longs baux? Mais l'embarras est de trouver des locataires. Les gens qui ont suffisamment de capitaux et d'expérience pour vouloir faire de l'agriculture sont rares ; où l'essai a été tenté avec succès, les propriétaires étaient eux-mêmes des connaisseurs, qui habitaient sur les lieux et qui surveillaient constamment leurs auxiliaires.

Puis, maîtres et fermier sont à lutter contre une difficulté capitale : celle de mettre la main sur des ouvriers qui remplissent leurs engagements. Un paysan fera bien une ou deux journées de travail, s'il est convenablement rétribué ; mais entend-il dire qu'à côté, on donne des gages plus élevés, il part sans se soucier du foin coupé ou du blé prêt à mettre en grange. D'autres se louent en même temps à deux maîtres différents, reçoivent de chacun, selon l'usage, un mois d'avance, et disparaissent ; d'autres s'enivreront plusieurs jours de suite, au beau milieu de la moisson, ou aban-

donneront leur travail, sous prétexte d'assister à
une fête religieuse. Les juges de paix demeurent
souvent très-loin, ce qui rend difficile de recourir à leur intervention ; et le plus qu'ils fassent,
au surplus, est de condamner le délinquant à trois
jours de prison, pendant que les frais de la poursuite restent à la charge du plaignant. Tout cela
paralyse l'agriculture. Comme bien d'autres, le
prince Wiskoff attend des jours meilleurs ; et
l'espoir que le développement des voies ferrées
pourra porter remède à cette situation, au moins
au bénéfice de ses enfants, l'amène seul à garder
une propriété dont il ne pourrait, du reste, se
défaire qu'à vil prix.

Mais quittons le village de ce gentilhomme
dans la gêne, pour passer à un autre qui fit partie,
autrefois, du domaine des Wiskoff et qui est maintenant la propriété d'un *mir* ou association de
paysans. Le système des *mirs* peut être apprécié
en deux mots : il a fait passer le *mujick*, de la
domination d'un seul maître, sous celle de plusieurs. Théoriquement, le paysan peut se dire
membre d'une société coopérative d'agriculture :
en réalité, c'est un esclave, rivé, par ses dettes,
au sol qu'il laboure ; impuissant à s'acquitter, à
s'affranchir, à améliorer sa situation, quels que

soient son initiative et son courage. Le nouveau village a donc l'air aussi misérable que l'autre. Pourtant, il y a entre eux une différence : quand on approche de l'église, avec son inévitable dôme bleu de ciel, et ses minarets dorés, on aperçoit une rangée de jolis villas, en briques rouges, rappelant les cottages suisses. C'est là que résident le *startchina* ou maire, avec les *starostas* ou adjoints ; et l'aspect confortable de leurs demeures révèle aussitôt toute une situation. Car les fonctionnaires ou directeurs du *mir* n'étant pas censés posséder un kopeck de plus que leurs camarades, n'ont pu devenir riches qu'en se livrant à des spéculations éhontées, à la faveur de leur position et de réélections successives.

Voici le *startchina* qui sort de sa maison, avec son bonnet carré en fourrure, et sa *touloupa* en peau de mouton, serrée à la ceinture par une écharpe de soie noire. Il cause avec un commis voyageur, auquel il vient d'acheter des machines agricoles pour son *mir;* mais il le quitte en votre honneur et vous entraîne dans sa maison, où l'un de ses fils a bientôt apporté du thé, des cigarettes et du *vodki*. Il ne vous présente pas sa femme et ses filles, parce que les Russes de la classe moyenne pratiquent l'habitude orientale de tenir les femmes enfermées ; mais il s'assied, auprès de l'étranger, en face du grand poêle blanc, et fait, du village qu'il gouverne, le tableau le plus enchanteur.

Lors de l'émancipation, dit-il, les villageois — au nombre de cinq cents, sans compter les femmes et les enfants, — achetèrent au prince Wiskoff le terrain qu'ils occupaient, et pour lequel ils payaient une rente de 6,000 roubles. Cette somme, au taux légal de 6 pour 100, représentait un capital de 100,000 roubles, que le *mir* se mit en devoir d'emprunter au Crédit foncier. Celui-ci ne put prêter, d'après ses règlements, que 80,000 roubles, — soit les quatre cinquièmes de la valeur de la terre, — et prit hypothèque sur le tout ; de plus, l'emprunt ne fut pas réglé en argent, mais en obligations rapportant 6 pour 100 et remboursables dans trente-sept ans. Le prince, ayant besoin d'argent comptant et ne pouvant se défaire de ses titres qu'avec perte, insista pour que le *mir* compensât la différence et lui payât aussi les 20,000 roubles de surplus. Les paysans empruntèrent cette somme à une autre banque, qui leur prit également 6 pour 100, et qu'ils s'engagèrent à rembourser en quarante-cinq ans. En fin de compte, le *mir* débuta avec des engagements s'élevant à quelque chose comme 12,000 roubles par an. Bientôt, il fallut recourir aux usuriers pour acheter l'outillage nécessaire ; et si on ajoute à tout cela l'impôt foncier, impôt dont on peut apprécier la lourdeur par ce fait que les paysans paient annuellement au Trésor 195 millions de roubles contre 13 millions payés par les propriétaires, on comprendra que l'association fonctionne dans des conditions désastreuses.

Si le *startchina* pense différemment, la raison en est bien simple. C'est lui qui, comme maire, a négocié tous les emprunts ; c'est lui, qui, assisté de ses adjoints, achète tout ce dont la communauté a besoin, y compris le *vodki* ; c'est lui encore qui fixe le prix auquel un paysan pourra quitter la société, pour aller travailler dans les villes. On peut espérer qu'il y a des maires qui administrent leur *mir* honnêtement ; mais ils ne relèvent d'aucun contrôle, ils ne rendent de comptes à personne, et on doit se rappeler qu'en Russie, plus un corps municipal est corrompu, plus il a de chances d'être réélu, parce qu'il achète les votes des électeurs, avec l'argent qu'il leur a pris.

Soumis à ce régime, le paysan est plus misérable et plus opprimé qu'auparavant. Il peut, il est vrai, se marier à sa guise, et il n'est plus passible d'être battu ou fouetté — sinon illégalement, ce qui arrive quelquefois, — mais ce sont là les seuls avantages de sa nouvelle situation. Il est mis à l'amende plus souvent que jadis ; et rien de ce qu'il a n'est, en réalité, à lui. S'il ne travaille pas suffisamment, ses camarades l'apostrophent ; s'il gagne de l'argent, il n'en profite pas, car tous ses gains vont à l'association, laquelle s'arrange toujours pour ne pas distribuer de dividende. Il y a des années où le *mir* ne paie même pas ses impôts. Comme ses membres sont collectivement responsables vis-à-vis du percepteur, il en résulte qu'alors personne ne se soucie d'avoir l'air plus riche que les autres, de peur que ce qu'il possède ne soit saisi, pour éteindre la dette commune. Celui-ci ne voudra pas élever des bestiaux, à moins que ses voisins n'en fassent autant ; celui-là cachera ses économies ou il les emploiera en *vodki*, qui est le plus sûr des placements. Les *mirs* sont toujours approvisionnés en eau-de-vie, car c'est un moyen de gouvernement. Il circule à pleines tonnes, en temps d'élection ; il coule à flots les jours de fête, où les hommes s'assemblent et pourraient deviser sur leurs misères, s'ils n'étaient ivres ; il reparaît encore, en abondance, quand, pour une cause ou pour une autre, le maire se sent menacé dans sa popularité. Ce personnage et ses adjoints ne sont jamais tracassés personnellement par le percepteur, lorsque le paiement des taxes est en retard. L'employé du Trésor fait semblant de ne pas savoir qu'ils ont de beaux meubles à saisir, et ne s'en prend qu'aux paysans. Quelques *mujicks*, qui voient plus clair que les autres, se lassent d'être exploités de cette façon et cherchent à s'employer ailleurs. Mais, ainsi qu'on l'a lu plus haut, il y a une question de dédit à régler, entre le *startchina* et eux. On les oblige toujours à acquitter la totalité de la part qui leur incombe dans les dettes du *mir* ; si on les suppose riches, on leur impose des sacrifices considérables. Le débat se termine généralement par un compromis. Une somme est versée entre les mains du maire qui s'en approprie une partie, pendant que le reste passe à faire boire les gens du village ou quelques privilégiés parmi ceux-ci.

Il serait difficile d'imaginer un système plus propre que celui-là à engendrer la paresse, la corruption et la misère. Aussi les paysans se plaignent-ils des conditions qu'on leur a faites en

les émancipant et, tout en exaltant les mérites de
la coopération, le *startchina* est obligé de confes-
ser que ses administrés prétendent qu'on doit,
équitablement, leur faire remise des dettes qu'ils
ont contractées, au début, envers le prince Wiskoff et le Crédit foncier. Cet honorable maire ouvre, du reste, de grands yeux quand on lui objecte
que le Tzar n'osera jamais prendre une telle
mesure. C'est, pour lui, la chose la plus simple
du monde, qui ne demande qu'un peu d'audace
envers le *Tschinn*.

IV

UN RICHE MARCHAND

Simon Icarowitch, le juif, possède plusieurs
millions de roubles. Son bureau est au fond
d'une impasse, dans un des recoins les plus mal
tenus d'Odessa ; son habitation particulière s'é-
lève dans un des plus beaux quartiers de la ville.
Il s'intitule vaguement marchand, sans préciser
autrement la nature de son commerce ; mais on

sait qu'il fait beaucoup d'affaires, et tout le monde s'accorde à le classer parmi les négociants les plus huppés de l'endroit. Il vend du thé, du vin, des machines agricoles, de la soie, des turquoises, des romans, des pianos ; il achète du blé, des bestiaux, des chevaux ; il quitte souvent Odessa pour aller visiter les châtelains des environs, et l'on prétend que ces excursions-là lui sont particulièrement avantageuses. Une petite opération qu'il fit, il y a deux ans, avec le prince Wiskoff, va nous renseigner sur la façon dont il vient en aide aux gentilshommes dans la gêne, tout en faisant ses propres affaires.

Donc, par une après-midi d'été, à l'heure où le prince faisait sa sieste, sous le coup de la chaleur et de l'ennui, la *telega* de l'israélite s'arrêta, toute poudreuse, dans la cour du château. Une visite, quelle qu'elle soit, est un incident si agréable pour un grand seigneur campagnard, qu'un créancier lui-même serait le bien venu ; et Serge Wiskoff, qui connaissait Simon, avait mainte raison pour se réjouir de le voir. Il conserva, cependant, cet air de dignité qui sied à un chrétien en face d'un infidèle, avança majestueusement la main que l'autre baisa respectueusement et attendit, pour se dérider, que le juif lui eût proposé d'acheter sa récolte de blé.

Le prince était prêt à la vendre, voire à vendre en même temps celle de l'autre année. Simon réfléchit quelques instants, et dit qu'il y consentait. « Pourquoi n'acheteriez-vous pas les récoltes de trois, quatre, cinq années, ajouta Sa Seigneurie ? » Simon jeta les hauts cris, déclara qu'il serait ruiné, fit mine de se retirer ; puis, vaincu par les instances du prince, il convint finalement de prendre cinq récoltes, à quelque chose comme un tiers au-dessous de leur valeur.

Le prince était radieux. La somme qu'on lui offrait lui permettrait de partir immédiatement avec sa femme, et de passer quelques mois à Paris. Il n'en fallait pas davantage pour le transporter d'aise ; et, quand le juif tira de son portefeuille le contrat imprimé traditionnel, il en remplit les blancs et le signa sans hésiter.

Alors se produisit un incident piquant. Simon prit dans sa poche, non pas une liasse de *bank-notes*, mais un petit paquet de billets à ordre que le prince avait laissé protester dans diverses capitales et le tendit à son hôte en s'inclinant profondément. On devine ce qui se passa. Le gentilhomme campagnard, sensiblement désappointé, accabla le juif d'invectives ; sa femme, qui commençait déjà à bâtir des hôtels dans l'avenue des Champs-Élysées, joignit ses imprécations aux siennes ; seul, l'honnête Simon conservait tout son calme et affirmait sur son honneur, en joignant les mains avec l'humilité particulière au juif russe, qu'il avait cru être agréable et utile à Leurs Seigneuries en se rendant acquéreur de billets qui portaient l'illustre nom des Wiskoff. Il n'y avait qu'à se soumettre. Deux milliers de roubles qui leur furent payés en argent les aidèrent, d'ailleurs, à se consoler, en les mettant à même de mener grand train pendant six semaines, ce qu'ils ne manquèrent pas de faire.

Mais les profits de Simon ne s'arrêtèrent pas là. Quand, au mois d'août suivant, une longue caravane de charrettes emporta la récolte de blé, sous la haute direction de l'intendant du prince, que le juif avait eu soin de mettre dans ses intérêts, il advint que les voitures s'égarèrent dans le brouillard, qu'elles se trompèrent de chemin, et que la saison des pluies commençait lorsqu'elles arrivèrent à Odessa. Or, il avait été spécifié que le blé serait livré en bon état ; et quand on constata qu'une partie était mouillée, il fallut aviser à ce que l'on en ferait. L'intendant déclara qu'il ne voulait pas le remporter, et que, d'autre

part, il serai trop cher de louer une grange pour
l'y mettre. Le juif en offrit un vil prix, que l'autre se hâta d'accepter en se promettant de raconter à son maître que le blé avarié avait été
jeté à la mer, sur l'ordre des inspecteurs du marché. Finalement, ces accidents s'étant renouve-
lés diverses fois, le prince se vit privé de ses récoltes pendant une dizaine d'années, après les
avoir vendues seulement pour cinq.

Simon Icarowitch fait d'autres affaires, dans
le même goût. Par exemple, il achète des bestiaux et s'arrange avec les intendants pour qu'ils
parviennent malades à Odessa. Il les accepte,
alors, à prix réduit, et les revend comme viande
de première catégorie, avec la complicité des autorités militaires, aux hussards de la garnison. Il
achète également des chevaux boiteux, que leurs
anciens propriétaires s'étonnent, plus tard, d'a-
percevoir trottant avec une rare agilité, sur les
promenades de la ville. En résumé, Simon spé-
cule sur l'invincible répugnance de la noblesse
moscovite à s'occuper de ses propriétés; et si ses
profits sont considérables, la faute en est aux
autres plus qu'à lui. C'est un curieux petit
homme, trapu, voûté, à la démarche traînante,
qui dissimule sa ruse sous une humilité aussi

difficile à décrire que pénible à constater. Il se
courbe en deux devant un noble, comme s'il avait
peur d'être battu; il est obséquieux et servile.
Cette attitude est, d'ailleurs, celle de tous ses coreligionnaires qui sont d'âge à se souvenir des
temps, encore récents, où les israélites étaient
en butte à toutes sortes de mauvais traitements.

Jusqu'à la mort de Nicolas, il était interdit aux
juifs de posséder des terres, de rendre témoignage en justice, d'avoir des synagogues, et d'habiter les villes saintes de Kiew et de Moskou;
ils étaient obligés de porter un costume particulier; un enfant de chaque famille était réclamé
par l'État, pour être élevé dans la religion chrétienne, aux frais de ses parents. Il faut longtemps
pour perdre le souvenir d'une pareille infériorité,
même quand la loi qui la proclamait a été abolie!

Simon Icarowitch a aujourd'hui sa synagogue,
son école juive, ses droits civiques; et quand les
étudiants s'amusent à le bousculer, ses amis peuvent accourir à la rescousse et conduire les coupables à un bureau de police. Mais rien n'a pu
éteindre le mépris qu'il inspire à la population,
particulièrement aux hautes classes. La fortune
de Simon est immense; mais il ne sera jamais
anobli. L'aristocratie ne l'admettra ni à sa table

ni dans ses clubs. Elle quitterait l'Opéra s'il y venait s'asseoir, près des places qu'elle occupe; si ses fils entrent dans l'armée, ils ne pourront jamais, quels que soient leurs mérites, obtenir l'épaulette.

Aussi Simon et ses coreligionnaires haïssent-ils tous le *Tschinn*, d'une haine d'autant plus dangereuse et regrettable que le commerce de la Russie est presque tout entier entre leurs mains.

Écartés des fonctions publiques, ils n'ont pas de patriotisme; privés du droit de posséder des terres, ils n'ont aucun souci du sort de leur pays. Leur argent est placé à l'étranger, au lieu de contribuer, comme ailleurs, au développement de la prospérité industrielle; et le peu qui ne s'expatrie pas, sert, depuis quelques années, à fomenter l'agitation qui s'est fait jour parmi les populations agricoles.

Simon Icarowitch, au cours de ses tournées, ne laisse jamais passer une occasion de causer avec les paysans; et les théories qu'il leur expose et qui l'eussent fait pendre, il y a vingt-cinq ans, lui susciteraient encore plus d'un désagrément, s'il se trouvait là certains témoins pour les entendre. Lors de la déclaration de guerre, il a fait son possible pour semer la défiance, en refusant d'accepter le papier du gouvernement à moins de 30 pour 100 d'escompte. En ce moment, il prédit tout bas une banqueroute nationale pour la fin de mai ; un gentilhomme dans l'embarras n'en obtiendrait pas dix roubles, sur d'autres gages que de l'argenterie ou des diamants. Une législation exclusive et des préjugés de caste ont fait de lui un étranger sur le sol russe ; et il agit comme agit tout étranger transporté au milieu d'un peuple qui l'accable de son hostilité et de ses dédains.

CHAPITRE TROISIÈME
L'INDUSTRIE

1

ROUTES ET CHEMINS DE FER

La Russie est le pays de l'Europe où l'on voyage le moins commodément. Les quelques voies ferrées qu'on y rencontre vont généralement d'un bout à l'autre de leur parcours, sans se préoccuper des villes intermédiaires ; et les rares stations où elles font halte sont situées, le plus souvent, à des distances considérables des localités dont elles portent les noms. Il faut alors monter dans un *paracladnoi*, sorte de char à bancs sans ressorts, tiré par trois chevaux, et y faire mettre son bagage. Le facteur de la gare sourit du fond de la houppelande qui l'abrite de la tête aux pieds, et déclare qu'il ne peut pas livrer les malles sans la permission d'un employé qui n'est pas là. Cela coûte de l'argent de l'envoyer chercher ; et quand il s'est mis à examiner chaque partie de votre bagage comme autant de pièces curieuses, de nouveau il faut mettre la main au gousset, pour l'empêcher de poursuivre ses investigations.

A la fin, le char à bancs s'ébranle et prend bientôt le galop, aux cris de son conducteur, un Kalmouck qui se démène tellement qu'on dirait que c'est lui qui fait marcher le véhicule. Quiconque a passé une fois par ces cahots ne l'oublie de sa vie : les routes s'entretiennent toutes seules, et les ornières, durant l'hiver, prennent des proportions telles qu'on pourrait facilement y loger un cercueil. Dans certaines provinces, la perspective d'avoir à batailler avec les loups ajoute à l'agrément du voyage ; mais s'il fait nuit, une lanterne munie d'un puissant réflecteur suffit à les tenir à distance.

On finit, cependant, par arriver. Les roues de la charrette et les cris du cocher résonnent dans les rues non pavées de la ville, et le Kalmouck arrête dans la cour de l'auberge qui s'intitule hôtel. Un homme, que votre automédon s'empresse d'apostropher, avec tous les jurons particuliers aux Russes, pour témoigner de son zèle à votre égard, s'avance à votre rencontre. Il est suivi du propriétaire, un Allemand, le plus souvent, qui dit quelques mots de français et dont l'établissement se réduit à deux ou trois chambres sans lit, avec quelques bouillottes pour l'eau chaude.

Il est admis qu'un voyageur doit apporter avec lui ses provisions ; s'il a négligé cette précaution, on lui fera payer sa nourriture au prix d'une ville en état de siége ou de famine. Et quel menu ! Inutile de demander une côtelette ou un bifteck, car le dernier gril vu en Russie — sauf dans les maisons particulières, — est celui dont se servait Ivan le Terrible, pour rôtir les courtisans récalcitrants. Un morceau de bœuf mariné dans du vinaigre et dans du sucre, et servi avec des concombres au sel et des cerises au vinaigre, composera toute la carte du jour ; à moins qu'il n'y ait, par hasard, un mariage dans la ville, et que le maître de l'hôtel puisse obtenir des mariés qu'ils lui cèdent une cuisse d'oie aux clous de girofle, ou une part de porc frais garni de noix de muscade et de guimauve. Quant aux lits, c'est une innovation toute moderne, et beaucoup d'intérieurs aisés en sont encore dépourvus. Les paysans dorment au-dessus de leurs fours ; les gens de la classe moyenne se roulent près de leurs poêles, dans des peaux de mouton ; les soldats s'allongent sur des couchettes en bois ; et c'est seulement depuis dix ans que les lits sont tolérés dans les écoles de l'État. Un voyageur n'a donc d'autre ressource que de s'envelopper dans ses couvertures ou ses fourrures, et de s'étendre sur le plancher. Les Russes, même les plus riches et les plus habitués au luxe, trouvent cette façon de dormir toute naturelle et paraissent préférer les planches aux matelas. Aussi font-ils d'excellents voyageurs.

Il est bon de ne pas tomber malade dans une ville de province ; car tous les médecins qu'on y trouve ne connaissent d'autre remède que le purgatif. Ils prescrivent du thé, mais le droguent sans le dire, et les effets s'en font sentir des jours durant. On leur donne ce qu'on veut à titre d'honoraires ; toutefois, quoi qu'on leur offre, ils demandent davantage ; en sorte qu'il est prudent de les traiter comme de simples commerçants. Dans les boutiques, les prix varient suivant l'extérieur du client. Un étranger doit commencer par choisir les articles qu'il compte acheter, puis offrir ce qu'il croit raisonnable et tourner immédiatement sur les talons, si son prix n'est pas accepté. Si le marchand court après lui, c'est qu'il a offert plus qu'il ne fallait ; si on le laisse aller, c'est que son prix était vraiment trop bas, ce qui peut arriver aux personnes habituées aux usages d'autres pays. Tout est énormément cher en Russie. Un costume complet en bon drap vaut plus de trois cents francs ; une paire de bottes, cent cinquante francs ; un cigare passable, vingt-cinq sous. Les seules choses bon marché sont le thé, le *vodki* (1), et les objets en cuir ; encore est-il prudent de les faire acheter par un habitant du pays, si on ne veut pas être écorché.

Dans les grands hôtels français de Saint-Pétersbourg, meublés et installés à la mode de Paris, la vie coûte environ cinquante francs par jour. Le prix d'une simple chambre est de quinze à vingt francs ; un dîner de table d'hôte vaut douze francs sans le vin ; une bouteille de *pale ale* coûte quatre francs ; une bouteille de champagne, vingt francs. Les théâtres, les concerts et autres amusements sont trois fois plus dispendieux qu'à Paris. Les soirs où la Patti chante à l'Opéra italien de Pétersbourg, toutes les stalles sont achetées par les juifs ; on peut difficilement en avoir

(1) Eau-de-vie.

une, à moins de cent vingt-cinq francs. Au Théâtre-Français, les places sont souvent l'objet d'une spéculation semblable; et les ouvreuses de loges, les vendeurs de programmes vous y poursuivent avec un acharnement sans pareil. Les théâtres et les restaurants de la capitale sont d'ailleurs installés avec un grand luxe. De même, les voitures de première classe sur la ligne de Pétersbourg à Moskou.

Un étranger qui voyagerait seulement sur ce chemin de fer emporterait un bon souvenir du confort russe. Il y trouvera des *sleeping cars*, des cabinets de toilette, les salles d'attente, des employés convenablement stylés, et il ne sera astreint à aucune formalité ennuyeuse pour son passe-port ou son bagage. Mais, sur les autres lignes, le passe-port est réclamé à tout instant; et la seule façon d'éviter de l'exhiber une douzaine de fois par jour, est de produire, à la place, une pièce de vingt kopecks. Quelqu'un qui néglige de se munir de petite monnaie, court le risque d'être amené au bureau de police où il aura à prouver, en montrant d'autres papiers, que le passe-port dont il est porteur est bien le sien.

Les voyages en Russie ont pourtant un côté agréable. Un étranger qui circule pour son plai-

sir sera facilement admis chez les fonctionnaires
de la ville qu'il visite. Le gouverneur civil lui
dépêchera son secrétaire, et sera enchanté de l'a-
voir à dîner, pour entendre les nouvelles qu'il
peut savoir. Mais, si l'on prévoit un séjour un peu
long dans une localité, il est sage de n'accepter
que discrètement les avances qu'on peut vous
faire. L'amitié moscovite dégénère vite en familiarité ; et celle-ci se traduit par des offres répétées
de parties d'écarté. Les Russes sont des joueurs
forcenés ; un voyageur qui arrive avec des billets
de banque dans sa poche est une bénédiction pour
eux. Ils ne trichent pas ; mais ils jouent et re-
jouent, jusqu'à ce que l'un des deux ait empoché
tout l'argent de l'autre. Les femmes ne valent pas
mieux que les hommes, et elles n'hésiteront pas
à gagner quelques centaines de louis à un inconnu
qu'elles n'ont jamais vu auparavant. Ici, il ne
s'agit que des femmes d'un certain rang, celles
qui se piquent d'avoir les manières de Paris ; car
les femmes de la classe moyenne ne se montrent
pas aux hôtes de leurs maris.

A la campagne, le jeu est de règle tous les
soirs ; mais l'invité pourra, au moins, avoir deux
ou trois bonnes journées de chasse, en retour de
l'argent qu'il perdra. Le gibier se compose de

lièvres, de perdrix, de renards, de loups et d'une grande variété d'oiseaux sauvages ; la chasse fait faire connaissance avec tout le personnel et toutes les meutes du pays. Les *mujicks* quittent leur travail, et amènent leurs chiens avec eux. Les paysans poussent des cris féroces, dès qu'ils aperçoivent un renard ou qu'ils voient un oiseau s'envoler. C'est un curieux spectacle.

La danse est une autre distraction favorite des maisons de campagne. Les femmes russes exécutent avec grâce, à la façon des almées, des danses avec des écharpes ou des châles. Elles chantent aussi, en s'accompagnant sur des guitares triangulaires. C'est ici le lieu de dire qu'il n'existe pas, en Russie, de terme équivalent à « monsieur ou madame. » Les inférieurs des *tschinovnicks* leur disent « votre haute noblesse » ou « votre haute origine, » suivant le cas. Entre gens de même rang, l'usage est de s'appeler par son nom de baptême associé à celui du père. Par exemple, on dira : Paul Petrowitch, pour Paul, fils de Pierre ; et Maria Nicolaievna, qui signifie : Marie, fille de Nicolas. Il va de soi que la chambre réservée aux hôtes des maisons russes ne contient pas de lit. Tout au plus, l'étranger est-il gratifié d'une ottomane, avec des peaux de chats pour se cou-

vrir. Mais, s'il en est réduit à s'étendre par terre,
il peut être assuré de dormir ; car on lui apportera
un grand bol rempli d'un mélange de thé, de
jaunes d'œufs et d'arak qui, après lui avoir brûlé
le palais, le plongera dans un profond sommeil,
agrémenté de nombreux cauchemars.

II

LES FAUX BILLETS DE BANQUE

Otto, le fils d'Herr Dicker, le maître d'hôtel,
reçut un jour des billets de banque faux, en paiement d'une tonne de vieux vin de Crimée, livrée
à l'archimandrite. Les faux billets de banque
sont aussi communs en Russie que les bons ; et, si
Herr Dicker père eût été du pays, il se fût con-
tenté de passer à un autre ceux qu'on lui avait
remis. En sa qualité d'Allemand, il crut devoir :
d'abord, gronder son fils, pour s'être laissé tromper ; ensuite, courir chez l'archimandrite, pour
demander au majordome qu'il lui donnât d'autres billets. Cette dernière inspiration était par-

ticulièrement malheureuse. Le majordome commença par dire que rien ne prouvait que l'erreur vînt de lui ; puis, comme l'autre se montrait tenace, il le jeta tranquillement à la porte. Peu d'heures plus tard, Herr Dicker recevait la visite d'un inspecteur de la police et de deux agents, qui l'invitaient à expliquer pourquoi, ayant eu en sa possession des billets faux, il n'était pas allé le déclarer aux bureaux du gouvernement.

L'honnête Allemand ouvrit de grands yeux. C'était le moment de faire monter une bouteille de bon vin et de glisser dans la main de l'inspecteur quelques billets de bon aloi, pendant que le jeune Otto eût rafraîchi les acolytes de cet honorable fonctionnaire. Étant de mauvaise humeur, il se plaignit de l'archimandrite, suspecta l'honnêteté du majordome, menaça de le faire arrêter : si bien que son interlocuteur, ne voyant pas paraître, au bout de ces tirades, la moindre pièce d'argent, laissa là l'air doucereux qu'il avait pris en entrant et annonça qu'il était chargé de faire une perquisition dans la maison.

Sur quoi ses deux subordonnés se mirent à l'œuvre. Dicker fut obligé d'ouvrir ses meubles ; on fouilla ses vêtements, ceux de sa femme et de son fils ; la cave elle-même fut mise sens dessus dessous, sous prétexte que les tonneaux pouvaient recéler des instruments servant à la fabrication de la fausse monnaie. Bref, en moins de deux heures, l'hôtel de notre homme fut tellement bouleversé qu'on eût dit qu'il venait d'être dévalisé par des voleurs.

Personne ne sait jurer comme un Allemand. Herr Dicker emprunta un certain nombre d'imprécations au vocabulaire de son pays, dont l'inspecteur saisit le sens. Il fut sommé de se modérer. « Me taire ! » s'écria-t-il, en frappant du pied, l'air indigné. — « Vous allez me suivre ! » fit l'officier de police. — « Où cela ? » — « En prison. » Et, cinq minutes plus tard, Herr Dicker traversait la ville entre deux agents, à la grande joie des habitants, pour lesquels c'est toujours un plaisir de voir un Allemand dans l'embarras.

Les Russes ne se sont pas mis en frais d'installation, pour leurs prisons. Herr Dicker fut enfermé dans une cellule humide, mal éclairée et, qui pis est, remplie de rats. Pour toute nourriture, il eut un morceau de pain noir ; et une botte de paille presque moisie lui servit de lit. Mais tout cela ne le calmait pas, et il se jurait, à part lui, de faire expier chèrement au majordome de l'archimandrite le mauvais tour qu'on lui jouait.

Un geôlier l'avertit, le matin, qu'il pouvait avoir, en payant, une chambre et des vivres. Il dit qu'il ne paierait rien du tout. Enfin, on le conduisit devant un magistrat instructeur, vêtu d'un uniforme noir avec des boutons en étain, qui lui déclara solennellement que la justice était résolue à punir sévèrement ceux qui faisaient circuler de la fausse monnaie.

Herr Dicker fut tellement suffoqué, qu'il négligea de remarquer qu'il était seul avec son juge, et qu'il pouvait, conséquemment, prouver son innocence par la simple promesse d'une petite somme d'argent. Disons que le magistrat fit son possible pour éveiller son attention de ce côté, et qu'il fallut que l'Allemand fût bien peu disposé à saisir les allusions pour ne pas comprendre celles que lui multipliait son interrogateur. A la fin, celui-ci se lassa et injuria le prisonnier, en l'engageant à avouer son crime. — « Avouer quoi ? fit l'Allemand. — Nous saurons bien vous y amener, dit l'homme à l'uniforme noir. » Et comme l'autre protestait, il ordonna qu'on le reconduisît auprès des rats.

Pendant ce temps, Frau Dicker, femme avisée et sage, se disait que, quand quelqu'un a eu la maladresse de faire connaissance avec une prison russe, le mieux est de tâcher de l'en tirer, sans se demander comment il y est entré. L'hôtel de son mari était fréquenté par des officiers : notamment par un colonel, inspecteur en chef des fourrages, qui leur devait trois cents roubles argent, pour fournitures de vin du Rhin. Frau Dicker poussa un grand soupir. Puis, ayant acquitté la note du colonel et mis dans un panier quelques bouteilles de champagne — le vin privilégié de cet officier — elle s'en fut chez celui-ci, avec sa fille Lisa, une digne jeune personne qui pleurait en l'accompagnant.

Les larmes, le vin et la note acquittée émurent l'honnête militaire ; il promit d'expliquer, en haut lieu, l'erreur commise aux dépens de Dicker. Mais l'archimandrite était furieux qu'un de ses serviteurs eût été accusé de donner des billets faux ; le majordome criait vengeance ; l'inspecteur de police protestait ; le juge se montrait implacable, et il fallut que l'Allemande se résignât à de gros sacrifices, pour rendre à son mari la clé des champs, alors qu'avec quelques roubles donnés à la police, on aurait pu le tirer d'affaire, dès le début. Herr Dicker, cependant, redevint libre. Même, il eut le mauvais goût de se répandre en reproches contre sa compagne,

quand il sut que ce n'était pas seulement la bonté
de sa cause qui lui avait valu son élargissement.
Les femmes d'hommes innocents ont souvent
beaucoup à souffrir !

Un des résultats de cette petite aventure fut
qu'à dater de ce jour, Herr Dicker regarda, de
très-près, les billets de banque. Il en refusa un qui
était excellent, ce qui causa toute une affaire. Il
se brouilla avec la femme de son ami le colonel,
pour un billet — faux, celui-là — qui fut reconnu
provenir du payeur de l'armée, lequel déclara
l'avoir reçu du caissier de la Banque, lequel se
décida à le changer, après avoir protesté qu'il
était bon. Ceci se passait vers l'époque de la déclaration de guerre à la Turquie. Un décret impérial invita tous les Russes à porter leurs billets
aux bureaux des receveurs, pour y recevoir un tim-
bre qui leur enlevait 5 pour 100 de leur valeur;
et l'effet de cet ingénieux impôt fut d'augmenter
la circulation du papier falsifié, dans des proportions telles qu'on ne s'inquiétait plus si les billets
reçus se trouvaient être de bon ou de mauvais
aloi. Herr Dicker, seul, s'en inquiétait toujours;
il en voulait au majordome, et le bruit se répan-
dit qu'il avait promis une récompense à deux ou
trois domestiques qu'il savait en rapport avec cet

estimable personnage, s'ils l'aidaient à prouver la culpabilité de celui-ci.

Le majordome sut la chose et prit peur; c'était un serviteur dévoué, qui ne tenait pas à ce que son maître dépensât de l'argent pour le tirer de prison. Il engagea donc l'archimandrite à faire attention aux banknotes qu'il recevait, et ce pieux prélat devint, en vérité, si attentif que la contagion se communiqua à tous ceux qui l'approchaient. Trois ou quatre gens soupçonneux, dans une petite ville de province, suffisent pour troubler la circulation des billets ; grâce au maître-d'hôtel Herr Dicker, les relations d'affaires devinrent très-difficiles dans la localité qu'il habitait. Le gouverneur s'émut, apprit que tout provenait de l'entêtement de l'Allemand et décida de saisir la première occasion pour le mettre sous les verrous.

On a bientôt fait de trouver un prétexte pour ennuyer un maître-d'hôtel. Herr Dicker fut arrêté pour avoir négligé de demander son passe-port à un voyageur qui avait passé la nuit chez lui, et que la police prétendit être un conspirateur dangereux. Alors, le majordome, l'archimandrite et le colonel cessèrent de surveiller leur papier monnayé. La confiance et les faux billets de banque affluèrent de nouveau dans la ville, à la satisfaction de tous ! Frau Dicker, se souvenant de la façon dont elle avait été récompensée, une première fois, de ses peines, mena l'hôtel toute seule, et laissa son mari en prison.

Il en sortit au bout de trois mois, maigre, rhumatisant, mais fort de saines réflexions. La première fois qu'on lui donna un billet faux, il se hâta d'en rendre respectueusement le change avec d'autres également faux, à l'exemple de tous les Russes ; et il renoua bientôt des relations avec le majordome de l'archimandrite. C'est ainsi que l'expérience d'un seul profite souvent à tout le monde.

CHAPITRE QUATRIÈME

LA PENSÉE

I

LE LIBRAIRE-ÉDITEUR

Sur la « perspective » de la Czarine, dans la
ville d'...Ekaterinoslav, on lit, au-dessus d'une
boutique, écrit en russe et en français : « Triknieff, libraire et *publieur*. » Triknieff a été pré-
venu maintes fois qu'il fallait dire éditeur ; mais,
en vrai Moscovite qu'il est, il se soucie peu de
cet accroc à sa langue de prédilection. Ce n'est
pas, cependant, un ignorant. Son magasin est
plein des produits littéraires de tous les pays
de l'Europe, anglais, allemands, français et ita-
liens. Il édite des ouvrages russes ; il publie une
revue mensuelle et il eût, depuis longtemps,
fondé un journal quotidien, si la ville qu'il habite

avait l'heur de compter un censeur au nombre de ses autorités.

Malheureusement, il n'y a que neuf comités de censure dans tout l'Empire, et Triknieff se trouve ainsi forcé d'expédier à Odessa, pour y recevoir l'estampille, les livres et les articles qu'il se propose d'imprimer. Trois mois s'écoulent, le plus souvent, avant qu'on lui retourne ses manuscrits, avec corrections au crayon rouge; parfois, il ne les revoit qu'après six mois, les censeurs ayant beaucoup à faire et étant, en outre, tenus de transmettre à Saint-Pétersbourg tout écrit contenant des critiques à l'adresse de l'administration. Aussi la revue de Triknieff s'imprime-t-elle longtemps à l'avance, sans que, même à ce compte, son propriétaire soit jamais sûr de pouvoir la vendre librement. Un travail jugé inoffensif, quand on lui accorde l'*imprimatur*, devient dangereux quelques semaines plus tard, et fait saisir le numéro. L'année dernière, Triknieff reçut une remarquable étude sur les difficultés d'une campagne en Orient; mais comme ce sujet concernait spécialement le ministère de la guerre, on expédia l'article à Pétersbourg. Il y est encore. Peut-être l'auteur sera-t-il autorisé à le faire paraître vers le com-

mencement de 1880, revu et expurgé, s'il trouve
que la question présente encore de l'intérêt.

Néanmoins, et malgré ces désagréments, notre homme se tiendrait pour heureux, si l'administration consentait à installer dans la ville un
censeur, investi de pleins pouvoirs. Mais le gouvernement et lui envisagent cette question à des
points de vue différents. Triknieff voudrait étendre son commerce littéraire ; le gouvernement
ne vise qu'à l'enrayer. C'est déjà bien assez pour
les autorités qu'il y ait, en Russie, neuf villes
universitaires où se publient des journaux dont
l'indépendance n'est entravée que par l'obligation pour les rédacteurs de soumettre leurs articles à qui de droit, trois jours avant leur apparition. S'il y avait partout des censeurs, Triknieff
et ses semblables auraient vite fait de les acheter ; et les institutions existantes disparaîtraient
sous le flot des révélations et des critiques qui
les assailliraient aussitôt.

Tout cela a été expliqué plus d'une fois à Triknieff par le gouverneur civil, qui l'a engagé, en
souriant, à s'arranger de son mieux avec les comités de censure ; et cet intelligent éditeur n'a
pas manqué de comprendre ce que ce sourire
voulait dire. De fait, il n'est gêné par les bu-

reaucrates de la presse que très-superficiellement.
Ces respectables fonctionnaires l'empêchent,
simplement, de publier *in extenso* les œuvres
d'honorables écrivains russes, ou celles que son
agent lui expédie de Leipzig. Mais les pamphlets
socialistes et les romans immoraux, bannis, dans
d'autres pays, de tous les intérieurs honnêtes,
échappent à leur contrôle. Triknieff imprime clandestinement les livres les plus obscènes et les fait
distribuer par ses colporteurs, sans que la police
s'en émeuve, s'il prend la précaution de la payer.
Demandez-lui l'*Économie politique*, de Mill,
il répondra que l'ouvrage est interdit; achetez
les *Virginiens* de Thackeray, il y manquera une
douzaine de pages. Cherchez, sur ses rayons, Voltaire, Thiers, Macaulay, Victor Hugo, Balzac;
vous ne les trouverez pas. Mais, si l'honnête libraire découvre qu'il a affaire à un grand seigneur ou à une noble dame auxquels il peut se
fier, il leur apportera, à la tombée de la nuit,
tous les ouvrages ci-dessus et bien d'autres encore dont on ne peut même pas citer les titres.

Les Russes lisent beaucoup, et la difficulté
qu'ils ont à se procurer des livres les rend tous
plus ou moins complices des fraudes de leurs libraires. Longtemps avant que les censeurs aient

pris une résolution quelconque, relativement au dernier livre de Hugo, « *l'Histoire d'un Crime*, » le volume aura été lu par tous les Russes qui auront pu le payer au prix demandé. Mais ces prix extravagants empêchent naturellement les petits bourgeois de lire toute une catégorie d'ouvrages ; et ils sont amenés à se nourrir d'une littérature frivole, pour ne pas l'appeler immorale. La corruption des femmes en Russie est, en grande partie, la conséquence des lectures qu'elles font. Le libraire est un agent de démoralisation, dont la seule excuse est qu'il serait contraint de fermer boutique, s'il se bornait à vendre les livres permis. Donnez plus de liberté à Triknieff ; il renoncera à son commerce clandestin. Car c'est un homme respectable qu'on voit souvent à l'église avec sa femme, laquelle, il faut l'espérer, n'a jamais jeté les yeux sur les obscénités dont son mari trafique.

Les frais de notre homme sont très-élevés. Obligé d'imprimer en russe, en allemand et en français, il doit avoir dans son atelier des compositeurs parlant ces trois langues ; ce qui lui coûte fort cher, les ouvriers typographes se faisant payer actuellement jusqu'à trois roubles papier par jour. Il faut vendre bien des livres pour couvrir de pareilles dépenses; et quand on considère que Triknieff a à sa solde une demi-douzaine d'agents de police, qu'il va, deux ou trois fois par an, à Odessa, pour se ménager les bonnes grâces de la censure, et qu'il obtient de la douane qu'elle laisse passer, sans les ouvrir, des caisses entières de volumes étrangers, on ne comprend plus qu'il puisse nouer les deux bouts. Son magasin est presque toujours vide, et il distribue gratuitement tant de numéros de sa revue qu'elle lui rapporte à peine de quoi couvrir les frais de l'impression.

Sans doute, il ne poursuit cette publication que pour l'air respectable qu'elle lui donne. Il est membre honoraire de plusieurs académies provinciales; inspecteur des écoles, ce qui lui permet de porter un uniforme bleu, avec une étoile à trois pointes, dans les cérémonies publiques; conseiller municipal et juré aux assises. En outre, on le regarde comme un érudit et un savant. Sa revue s'occupe de sciences et d'agriculture; elle publie, en les arrangeant, des romans français et anglais à sensation, et célèbre, comme de juste, les vertus du Tzar. Les rédacteurs sont, généralement, des amateurs qui aiment à se voir imprimés; un Polonais, polyglotte, remplit les

fonctions de secrétaire de la rédaction, et traduit
les articles des journaux étrangers quand la *copie*
vient à manquer.

Triknieff pratique largement la contrefaçon
littéraire ; si un livre étranger a obtenu l'estampille et qu'il s'attende à un succès de vente, il
préferera l'imprimer lui-même que de le faire
venir du dehors. Quelques-unes de ces repro-
ductions sont même remarquables par la façon
dont la matière y est condensée. Les digressions,
les descriptions, tout ce qui, en un mot, n'est pas
nécessaire à l'action, est impitoyablement sacri-
fié à la raison d'économie. Le Polonais polyglotte excelle à réduire trois volumes en un seul,
voire à y ajouter des scènes de son cru, quand
il trouve qu'elles manquent au paysage. Le plus
souvent, cependant, les ouvrages que Triknieff
s'emploie à contrefaire, sont ceux que la censure
a interdits ; le Polonais, alors, démarque complétement, transporte le drame en Russie, change
les noms, et intervertit les rôles.

Notre éditeur imprime plus de choses en russe
qu'en français ou en allemand. Sa revue est
écrite en langue russe, et obtient, à ce titre, les
encouragements du gouvernement, qui aime à
pouvoir montrer, par des preuves palpables, que

le Tzar s'intéresse à la littérature du pays. Même, il est très-probable que si, pour une cause ou pour une autre, cette publication était interrompue, quelqu'un serait invité à la continuer, afin qu'il ne soit pas dit que les écrits instructifs cessent d'être en faveur auprès des sujets de Sa Majesté. La revue de Triknieff lui rend, dans tous les cas, service, en lui donnant une bonne renommée, que ses autres transactions pourraient difficilement lui mériter. Elle le protége, à la façon dont le pavillon d'une nation couvre la contrebande du pirate.

II

REVUES ET JOURNAUX

Il serait injuste de croire que toutes les revues russes ressemblent à celle que Triknieff publie à Ekaterinoslav. Saint-Pétersbourg et Moscou en ont plusieurs très-remarquables, avec de bons journaux quotidiens et quelques petites feuilles drôlatiques qui sont parfois amusantes, et généralement grivoises. Parmi celles-ci, le *Svistok* ou *Sifflet*, et l'*Iskra* — *Étincelle* —, méritent une mention spéciale, pour leurs caricatures et leur excellente impression. Leurs artistes procèdent de l'école française, mais vont beaucoup plus loin que leurs confrères parisiens. Ils attaquent vaillamment tout ce qui ne leur fait pas peur : les petits tyrans de la bureaucratie, les moines, les étrangers, les simples particuliers ; et on est sans défense contre leurs satires, parce qu'ils sont protégés par des gens influents qui s'amusent de leurs méchancetés.

Il y a quelques années, une de ces feuilles, appelée le *Veseltchak* (1), fut supprimée pour une série de libelles visant la vie privée d'un souverain étranger. Tout le monde raconta que ces attaques avaient été inspirées par un personnage appartenant au Ministère de la police ; et la publication presque immédiate d'un nouveau journal du même genre (2), par les soins du même éditeur, acheva de convaincre que celui-ci avait des protections en haut lieu.

Le propriétaire d'un journal doit, d'abord, ob-

(1) Le *Plaisantin*.
(2) Le *Goudok*.

tenir la permission de l'imprimer, puis verser un cautionnement de 2,500 roubles argent ; après quoi, il demeure soumis à un régime « d'avertissements » dont deux suffisent à entraîner une suspension pour deux mois. Les gens qui ne peuvent pas fournir un cautionnement — cautionnement qu'on revoit rarement, puisque la suppression du journal en amène la confiscation — sont contraints d'envoyer leurs articles à la censure, deux jours avant leur apparition. Dans les villes de province où il n'y a pas de censeurs, et où on se soucie médiocrement de compromettre 10,000 francs, le journalisme n'existe pas ; mais, même dans les deux capitales et dans de grands centres comme Kiew et Odessa, le rédacteur en chef qui a versé un cautionnement, juge prudent de communiquer ses manuscrits à la censure, ou tout au moins de les soumettre à l'un ou à l'autre des puissants personnages que tout organe russe a derrière lui. La presse indépendante, telle qu'on l'entend dans d'autres pays, est inconnue en Russie. Si un écrivain s'avisait de croire que, parce qu'il a rempli les formalités légales, il peut voler de ses propres ailes, sans être soutenu par personne, il n'attendrait pas une semaine pour reconnaître son illusion ; car tous ses bénéfices passeraient à faire la paix avec les *tchi-novniks* qui le menaceraient de suspensions et de procès.

Il y a, en ce moment, dans l'empire du Tzar, 475 journaux quotidiens, hebdomadaires ou bi-hebdomadaires, dont 377 en langue russe ; 36 appartiennent à des universités ou à des colléges ; 161 à des associations commerciales ou ouvrières ; 101 sont des feuilles officielles, publiées sous la direction des gouverneurs de province ; le reste est entre les mains de magnats influents, qui en font les instruments de leurs rancunes ou de leurs ambitions privées. Le plus remarquable des prétendus journaux indépendants est le *Golos* — la *Voix* — organe de l'entourage intime du Tzar. Le *Journal de Saint-Pétersbourg*, rédigé par un Belge et publié en français, est la feuille favorite du chancelier Gortschakoff. L'*Invalide*, soutenu par les bureaux de la guerre, est l'organe du vieux parti chauvin ; pendant que son rival, le *Monde russe*, dirigé par le général Fadeieff, — un habile homme, — reçoit les inspirations du Tzarewitch, et propage les idées de réforme militaire. Les *Nouvelles de Saint-Pétersbourg*, connues aussi sous le nom de *Gazette académique*, ont été récemment achetées à l'A-

cadémie par le ministère de l'Instruction publique; leur seule politique est d'attaquer quiconque se rend désagréable aux auteurs, aux artistes, aux docteurs bien en cour, et aux dames
des théâtres impériaux. Ce fut ce journal qui
réclama le rappel des étudiantes de Zurich, et
qui poussa à la poursuite dont le résultat fut
l'envoi en Sibérie de quelques-unes de ces pau-
vres·femmes. Parmi les meilleurs organes de la
province, on peut citer le *Messager d'Odessa*,
remarquable pour ses articles littéraires; le *Kievla-
nine*, de Kiew, qui appartient aux moines; enfin
la *Gazette de Moscou*, publiée par M. Katkoff, le
plus brillant et le plus hardi des journaux de
l'Empire. Cette feuille appartient à l'Université
de Moscou; mais M. Katkoff l'a louée, dernièrement, pour douze ans, à raison d'un paiement
annuel de 74,000 roubles argent. Son tirage quotidien dépasse le chiffre de 40,000, et elle a le
monopole des annonces pour Moscou. M. Katkoff
est l'écrivain le plus éminent de la presse russe;
il est l'ami du Tzar et le favori du parti pansla-
viste, ce qui lui donne une incontestable influence, quoiqu'il en ait peut-être moins qu'il y a
dix ans. En 1866, il fut assez puissant pour renverser M. Valouief, ministre de l'intérieur, qui

s'était permis de suspendre son journal, et ce fut lui aussi qui désigna son successeur, M. Mélutine. Depuis, celui-ci et son protecteur se sont un peu refroidis l'un envers l'autre. M. Katkoff dénonce les abus; et, si ses critiques ne déplaisent pas au Tzar, elles ne peuvent en revanche convenir aux gens en place.

Le rédacteur en chef de la *Gazette de Moscou* fut, jadis, un admirateur de la Constitution britannique; l'insurrection de Pologne a modifié ce sentiment, et il n'est pas aujourd'hui un Russe qui haïsse l'Angleterre plus que lui. Mais il parle l'anglais d'une façon irréprochable; et sa prédilection pour la littérature d'outre-Manche a échappé aux changements survenus dans ses appréciations politiques, car la revue qu'il publie, à côté de son journal, est presque entièrement consacrée à la reproduction de romans anglais et à l'analyse d'ouvrages édités à Londres. Ce recueil, qui s'appelle le *Messager russe*, est certainement une des quatres revues les plus répandues dans l'Empire. Les autres sont : le *Messager européen*, imprimé à Saint-Pétersbourg et qui s'occupe surtout des choses françaises; les *Annales du pays* et le *Dielo*. Les collaborateurs de M. Katkoff sont conservateurs; ceux des trois autres revues,

sont plus ou moins libéraux. La société russe
attend impatiemment l'apparition mensuelle de
ces recueils, où la critique littéraire sert souvent
d'occasion et de passe-port aux allusions politiques et sociales. La plupart des écrivains qui y
collaborent sont des hommes érudits qui poussent, à un rare degré de perfection, l'art de tout
dire sans s'exposer aux représailles d'un gouvernement despotique. L'autorité, toutefois, est beaucoup moins sévère pour les revues que pour les
journaux ; moins rigoureuse aussi pour la presse
des deux capitales que pour celles des provinces.
Tel article littéraire, inséré dans le *Dielo*, causerait, même adouci ou découpé en tranches, la condamnation de l'auteur, s'il paraissait à Cracovie.
Cette revue publie, sous les auspices des noms
de Renan, de Strauss et de Darwin, de véritables
sermons sur l'incrédulité, que les femmes dé-
vorent, entre deux tasses de thé mêlé de rhum.
Presque tous les gens riches sont abonnés aux
quatres revues ci-dessus. Outre leurs fines satires
et leurs théories matérialistes, ces publications
offrent à leur clientèle les œuvres les plus mar-
quantes des romanciers populaires : Ivan Tourguenieff, Dostoiewski, Tolstoï, Salhias, Averkief
et autres.

Les romans de Tourguenieff, d'ailleurs très-remarquables, sont les plus connus des étrangers ; mais ceux de Tolstoï et de Dostoiewski, qui ne sont guère lus qu'en Russie, mériteraient, eux aussi, l'honneur d'être traduits. On n'en saurait dire autant des livres d'Averkief, de Salhias et d'Asvienko, les fondateurs de la nouvelle école, qui s'intitule réaliste et qui n'est que sensuelle. Ces écrivains prennent évidemment pour modèle M. Émile Zola ; mais comme ils ont, en même temps, la prétention d'imiter le style de Victor Hugo, style peu approprié à la peinture des turpitudes sociales, ce mélange d'immoralité dans le fond et de recherche dans la forme, produit un singulier effet sur le lecteur étranger. Mais les femmes russes ne jurent plus que par les noms d'Averkief et de Salhias ; en sorte qu'il faut croire que ces deux auteurs présentent au public un miroir où la société du Saint-Empire se trouve fidèlement reproduite.

III

LES ÉCOLES

Le comte Dimitri Tolstoï, qui remplit depuis douze ans les fonctions de Ministre de l'instruction publique, est un homme aux idées larges, qui voudrait que les *mujicks* des trois Russies eussent les moyens de s'instruire. Le prince Gortschakoff, qui est d'un avis contraire, le laisse parler, mais l'empêche d'agir; si bien que, toutes les fois que le comte Tolstoï demande des fonds, le Ministre des finances, M. de Routern, déclare, d'un air contrit, que les coffres de l'État sont vides. Il y a toujours de l'argent pour les troupes et pour les fêtes impériales; il n'y en a jamais pour les écoles. Si l'on tient compte de l'accroissement de la population et de tous les moyens de diffusion de l'enseignement dont on dispose aujourd'hui, on trouve que la Russie a plutôt rétrogradé que progressé, en matière d'éducation, depuis le temps de Nicolas.

Le dernier Tzar n'a rien fait pour populariser

l'instruction ; seulement, il institua un enseignement officiel pour les classes élevées, et il tint
la main à ce que celles-ci s'y conformassent.
Quant aux classes commerçantes, il les laissa se
tirer d'affaire comme elles l'entendraient, ce
qu'elles firent en fondant des écoles privées avec
des professeurs allemands. Le chancelier Gortschakoff, ayant vu des dangers dans cet état de
choses, l'a modifié. Il encourage les familles riches à élever leurs enfants chez elles et à les envoyer, ensuite, finir leur éducation en France ou
en Allemagne ; mais il a interdit toutes les écoles
privées de la bourgeoisie, parce qu'elles étaient
de beaucoup supérieures aux académies officielles. Une aristocratie cultivée, une classe moyenne
dressée, bien ou mal, par l'État, des classes
ouvrières totalement illettrées, semblent être l'i-
déal du chancelier, pour un pays qui veut demeurer gouvernable. Mais il est trop habile pour
exprimer ouvertement de pareilles idées, et il se
borne à entraver tous les plans d'éducation, par
un empressement exagéré à s'y associer.

Il y a une douzaine d'années, la ville de
Nijni-Novgorod voulut fonder une université
et en demanda l'autorisation, s'engageant à
trouver les fonds nécessaires par voie de sous-

cription. La réponse qui vint de Saint-Pétersbourg fut des plus encourageantes; elle assu-
rait les habitants de l'intérêt que le Tzar prenait
à leur projet, et leur promettait une subven-
tion, au nom de Sa Majesté, s'ils voulaient seulement attendre quelques semaines avant de se
mettre à l'œuvre. On leur ferait connaître alors le
chiffre que fixerait le Conseil impérial au concours de l'État, et les échéances de paiement.
Tout cela, on l'attend encore.

Il est inutile d'essayer de monter un établissement scolaire. La combinaison est toujours favora-
blement accueillie par les autorités; puis, d'une
façon ou d'une autre, elle est mise de côté. Si les
promoteurs de l'idée insistent, ils reçoivent une dépêche où on leur démontre, en style solennel, l'in-
convénient des choses faites à moitié. Leur projet
n'était pas suffisamment étendu; ou bien, il était
trop vaste pour réussir sous sa forme actuelle.
Dans tous les cas, il restait soumis à la haute
sanction du Tzar, etc. Le comte Tolstoï n'est
pas responsable de ces procédés; mais il est
sans pouvoir sur les employés de ses bureaux.
Personnellement, il est plein d'ardeur, et il a
présenté un admirable plan d'éducation nationale qui a été « approuvé en principe » par l'Em-

pereur, et qui n'attend, pour fonctionner, que le
bon plaisir du *Tschinn*.

L'Empire est partagé en dix divisions académi-
ques : Saint-Pétersbourg, Moscou, Kiew Dorpat,
Varsovie, Kazan, Cracovie, Vilna, Odessa et le
Caucase. Chacune d'elles a à sa tête un « cura-
teur », choisi non pour sa science, mais pour ses
mérites comme courtisan. En théorie, il est om-
nipotent; dans la pratique, il ne fait rien sans
l'avis d'un Conseil de six membres, dont deux
sont d'anciens professeurs; trois, des officiers;
et un, fonctionnaire de la police. Ce Conseil désigne les livres qu'on emploiera dans les écoles,
donne les diplômes de professeurs, et fait l'office
de cours d'appel dans les questions de discipline.
Tous les fonds destinés à l'instruction publique
passent par ses mains; une bonne partie ne va
pas plus loin. Si un étranger veut obtenir la
permission de professer dans une école russe, il
faut qu'il s'adresse à cet aréopage qui commence
par prélever sur lui des honoraires assez élevés
et qui le fait ensuite examiner sur l'histoire. Or,
l'histoire russe raconte que Napoléon Ier fut complétement battu par les généraux du Tzar, sans
même faire mention du terrible hiver de 1812;
que Waterloo fut une victoire remportée par les

troupes moscovites; et que Wellington servait dans la coalition européenne, dont Alexandre Ier était le chef. Si donc l'étranger ignore ces détails, il sera invité à les apprendre ; quant aux gens du pays, ayant été élevés avec des légendes, ils les débitent couramment.

Il y a neuf grades dans le professorat. La premier, qui confère la qualité de « Conseiller de collège », est assimilé au grade de colonel et appartient à la sixième catégorie du *Tschinn;* le dernier, celui de « Greffier de collége », appartient à la quatorzième ; au-dessous, il y a les huissiers et les appariteurs, lesquels ne comptent pas comme *tschinovnicks*. A chaque professeur est assignée une tâche spéciale qu'il est obligé de ne pas dépasser. Récemment, un maître du lycée Richelieu, à Odessa, tomba en disgrâce pour s'être étendu, dans ses leçons d'histoire romaine, sur les conséquences politiques que la domination de Rome avait eues pour les sociétés modernes. On lui dit brutalement que ces conséquences-là ne le regardaient pas. Comment admettre qu'un maître d'une classe inférieure donne à ses élèves des idées qu'ils entendront combattre dans les classes supérieures ! Le professeur russe doit être humble. S'il est chargé d'enseigner le premier livre

de la géométrie, il lui est défendu de laisser voir
qu'il connaît les sections coniques. De peur qu'il
ne l'oublie, on lui donne un uniforme ; et
il n'a qu'à consulter, du coin de l'œil, la largeur
de la palme d'argent sur la manche de sa tunique
noire, pour se rappeler ce qu'il peut dire et ce
qu'il doit taire. C'est seulement lorsqu'il portera
le galon d'or de conseiller qu'il pourra avoir son
franc parler; et il est probable qu'à cette époque
il aura compris que la politique de la Rome an-
cienne est un sujet qu'il est prudent de ne pas
traiter en Russie.

Toutes les grandes villes de l'Empire ont leur
lycée; les petites, une école de grammaire. Dans
les lycées on apprend le français et l'allemand ;
dans les écoles, dites de grammaire, on montre
quelquefois l'allemand, mais pas toujours.
L'anglais n'est enseigné qu'à Pétersbourg, Moscou et Odessa, à moins de recourir à des leçons
particulières. Le prix d'un pensionnaire varie de
1,000 à 3,500 francs ; à l'École militaire et aristocratique de Saint-Pétersbourg, les suppléments
élèvent souvent cette dernière somme à plus
de 6,000 francs. Les écoliers russes couchent dans
des dortoirs; c'est seulement depuis quinze ans
qu'on leur permet d'avoir des lits. Jusque-là ils

avaient couché sur la planche, enveloppés dans des couvertures, et il se peut que cet usage subsiste encore en province. L'éternelle soupe aux choux, avec du bœuf ; le thé avec du pain sans beurre, constituent leur ordinaire. Ils portent un uniforme : tunique durant l'été, ulster pendant l'hiver, avec le numéro de leur classe brodé au collet. Leurs cheveux sont coupés ras, et ils prennent l'habitude de marcher droit comme des baïonnettes ; la plus grande partie de leur temps se passant à apprendre l'exercice. Ce sont généralement des enfants doux, et peu bruyants, même dans leurs jeux. Leur principal amusement consiste à jouer au saut-de-mouton, dans une vaste pièce chauffée comme une serre. Ils dépensent leur argent de poche en cigarettes, et en rhum sucré pour mettre dans leur thé. Depuis que le Tzar actuel a aboli la férule, les châtiments corporels sont supprimés nominalement ; mais les coups sont toujours nécessaires au maintien de la discipline parmi les Russes, en sorte que le professeur bat ses élèves et que les élèves se frappent entre eux, avec un entrain tout national.

Lorsqu'un membre du *Tschinn* meurt, sans laisser de quoi pourvoir à l'éducation de ses enfants, ceux-ci sont souvent élevés gratuitement ; cela dépend beaucoup de la conduite et de l'attitude qu'a eues le père. On accorde aussi des bourses à certains *tschinovnicks*, pour leurs fils, si l'on est satisfait de leur zèle. Les boursiers sont obligés d'entrer au service de la Couronne, soit dans l'armée où ils remplissent les fonctions subalternes, soit dans le clergé. Généralement, les professeurs en prennent un soin particulier, parce que les « curateurs » ne manquent jamais de s'enquérir de leurs progrès, dans leurs tournées d'inspection. Sil'un d'eux se distingue spécialement, le Tzar en fait, parfois, un officier aux Gardes et lui accorde une pension. La plupart des adjudants et des « quartiers-maîtres » de ce régiment sont d'anciens boursiers, et il n'est peut-être pas hors de propos de dire qu'ils s'enrichissent vite dans ces fonctions.

Il est peu de villages où il y ait des écoles ; celles qu'on y rencontre, sont dues à la générosité privée et ne sont pas soutenues par les autorités. Le Gouvernement cependant n'empêche pas les particuliers de fonder des maisons d'éducation ; il se contente de désigner l'instituteur et de le choisir aussi orthodoxe qu'ignorant. Dans les *mirs*, il est rare de rencontrer un *mujick* qui sache lire ; le maire lui-même est obligé de s'adresser au pope pour tenir ses livres. Il y a un an ou deux, il fut question, dans le public, de créer un corps « d'instituteurs ambulants » qui eussent été répandre les connaissances les plus usuelles (1) dans les villages trop pauvres pour avoir des écoles. Le Gouvernement s'empara de l'idée, promit de l'appliquer et, comme d'habitude, n'en fit rien. Quelquefois, un pope s'amuse à donner des leçons à un jeune *mujick*, et celui-ci, à son tour, se fait l'instituteur de ses camarades. Mais si la police a vent de la chose, le pope sera réprimandé ou puni, pour avoir professé sans diplôme. Il n'y a pas jusqu'à l'enseignement de l'*a b c* qui ne soit réglementé en Russie.

(1) Un système de ce genre fonctionne en Suède.

CHAPITRE CINQUIÈME

LA RELIGION

—

1

LE CLERGÉ BLANC

Le clergé « blanc », en Russie, comprend les popes ordinaires et les diacres qui ont charge d'âmes ; le clergé « noir » se compose des moines, parmi lesquels se recrutent tous les dignitaires de l'Église. Noirs et blancs se détestent avec une cordialité qu'on rencontre rarement dans des contrées moins pieuses. Un homme ne peut entrer dans le clergé blanc sans être marié ; il ne peut pas garder sa charge, s'il perd sa femme ; il ne peut pas, non plus, se marier une seconde fois ; en sorte qu'en devenant veuf, il ne lui reste qu'à rentrer dans la vie privée ou à se faire moine. Mais il ne pourra pas aspirer aux hautes dignités ecclésiastiques ; son mariage le rend impropre aux fonctions d'évêque, et il devra se résigner à voir donner les mitres aux moines qui ont toujours été célibataires. Naguère encore, il suffisait d'être fils d'un membre du clergé pour être forcé d'entrer dans les ordres; aujourd'hui, les évêques peuvent dispenser de cette obligation, mais ils sont loin d'y consentir toujours. Ils refusent, si leur diocèse est mal approvisionné en clergé; dans tous les cas, ils ne permettent jamais au postulant de prendre une profession libérale. Celui-ci devra se résigner à servir dans l'armée ou dans l'administration civile.

Il est toujours facile de devenir moine, parce que les candidats au clergé noir sont rares; mais, pour être reçu pope, il faut prouver sa vocation en payant une somme d'argent assez considérable et en produisant de nombreux certificats de la moralité de sa famille et de la sienne propre. Encore, ne sera-t-on admis que si le diocèse où l'on veut entrer a besoin de recrues. Le clergé blanc constitue une caste, dans l'acception la plus étroite du mot; et les Synodes se sont toujours employés à maintenir cet état de choses, par l'application rigoureuse des lois qui régissent les mariages ecclésiastiques. Quiconque veut entrer dans les ordres doit épouser la veuve, la fille, ou la sœur d'un pope ; souvent même, l'évêque l'oblige à choisir sa future dans le diocèse. La veuve ou la fille d'un membre du clergé qui veut se marier avec un laïque, devra se refuser ce plaisir à moins que celui qu'elle aime ne se résigne à glisser un millier de roubles dans la main de l'évêque ; généralement, du reste, les familles « cléricales » tiennent à s'unir entre elles pour ne pas perdre le bénéfice de l'hérédité de leur charge. Un fils succède à son père, presque de droit ; si un pope ne laisse que des filles, ses fonctions resteront vacantes assez longtemps pour que l'aînée puisse se marier et apporter en dot à son mari le « bénéfice » de son père. Les popes paient des impôts pour l'éclairage et le pavage — où les rues sont éclairés et pavées — mais ils sont exemptés de toutes les autres taxes, y compris la conscription. En cas d'infractions à la loi commune, ils ne peuvent être condamnés à un châtiment corporel, et leurs têtes ne sont pas rasées en prison ; ces priviléges s'étendent à leurs femmes et à ceux de leurs enfants qu'ils ont eus après leur ordination. Toutefois, un pope qui commettrait quelque grand scandale ou qui encourrait le déplaisir du gouvernement — ce qui revient souvent au même — pourrait être dépouillé de son costume sacerdotal, incorporé dans l'armée ou envoyé en Sibérie, sans aucune forme de procès.

Le clergé blanc accuse le noir de lui enlever les aumônes des fidèles et, plus généralement, de gaspiller les revenus de l'Église ; le noir répond que le clergé blanc est dissolu et qu'il n'a déjà que trop d'argent à dépenser. Le public croit que les deux se valent, au point de vue de la probité ; mais il méprise davantage le clergé blanc, parce que les malversations des popes sont plus manifestes. Le budget du clergé séculier s'élève à 125 millions de francs qui, divisés entre trente-six mille paroisses, donne environ 3,500 francs pour chacune d'elles. Régulièrement, il devrait y avoir dans chaque paroisse un diacre et deux « clercs » ; mais il y a seulement douze mille diacres et soixante mille « clercs » dans tout l'empire. Conséquemment, comme la moitié du revenu de chaque paroisse revient au pope, celui-ci devrait toucher 2,145 francs par an. Il est loin cependant de recevoir cette somme. Les évêques font son compte, comme si le cadre des diacres et des clercs était complet, ce qui diminue évidemment son salaire. Les synodes le volent et négligent parfois de le payer : en temps de guerre, par exemple. Le pope se trouve ainsi réduit à vivre d'expédients ; mais il ne faut pas trop s'apitoyer sur son sort, car les sommes que lui rapportent ses extorsions dépassent de beaucoup celles dont on le frustre.

Dans les villes, il vit largement ; dans les campagnes, il est toujours bien installé. Ainsi qu'il est dit dans un autre chapitre, les popes sont généralement agents des maisons de *vodki ;* en outre, ils se font de l'argent avec les dons qu'ils reçoivent à Pâques, avec les listes de souscription qu'ils font circuler parmi les pauvres pour les ornements d'église sur lesquels ils prélèvent de fortes commissions, avec le casuel des baptêmes et des mariages, avec les certificats de communion et les attestations de moralité, avec les menaces dont ils poursuivent les membres des sectes dissidentes, avec les testaments qu'ils arrachent aux mourants. Un prêtre russe ne fait rien sans salaire ; et il n'y a rien qu'il ne fasse si on le paie. Faute de mieux, il se contentera d'un kopeck ; mais il exigera un rouble, s'il croit qu'on est en situation de le lui donner. La haine qu'inspire le clergé blanc aux riches aussi bien qu'aux pauvres jetterait des millions de Russes dans le Nihilisme, sans les pénalités terribles qu'encourent ceux qui abandonnent la religion orthodoxe dans laquelle ils ont été élevés.

Un homme qui est né juif ou catholique a le droit de rester tel, pourvu qu'il se soumette aux exclusions sociales et aux lois qui régissent la pratique de son culte ; mais un orthodoxe qui abjure peut être expédié en Sibérie, et il le sera certainement s'il ne s'arrange pas, selon ses moyens, avec le prêtre de sa paroisse. Les sectes dissidentes sont donc une source de revenus pour le clergé ; aussi celui-ci les favorise-t-il secrètement, à tel point qu'on en compte plus de deux cents dans la sainte Russie, présentant toutes les variétés possibles de folie, de sottise, d'obscénité et de sauvagerie. Leurs membres n'ont qu'à payer pour qu'on les laisse tranquilles ; mais ils ne peuvent pas, par exemple, se soustraire à cette nécessité, car la loi oblige tout Russe orthodoxe à se munir d'un « certificat eucharistique » attestant qu'il s'est confessé et qu'il a communié à Pâques.

C'est d'après ces certificats eucharistiques, qu'on peut toujours se procurer avec de l'argent, qu'est rédigé le rapport solennel que le procureur du grand Synode adresse, chaque année, au Tzar, sur l'état de la religion dans l'empire. Ce fonctionnaire n'a garde de mentionner les dissidents, et il ne manque jamais de signaler le clergé comme « donnant l'exemple de toutes les vertus ».

Pourtant, ces documents sont, parfois, curieux à lire, quand on le fait attentivement. Ainsi, le dernier constate que c'est dans l'armée que les devoirs religieux sont pratiqués le plus scrupuleusement ; et personne n'ignore que cette piété militaire est une affaire de règlement. Les paysans viennent après ; ensuite, le personnel administratif ; ensuite encore, les cabaretiers ; en dernier lieu, la haute société. Quant aux classes commerçantes, elles ne figurent à aucun rang ; et l'on remarque, en outre, qu'il y a 25 pour 100 des prétendus orthodoxes qui ne présentent pas de « certificats eucharistiques ».

Comment tant de gens parviennent-ils à braver la loi ? La chose serait inexplicable, sans la complicité des prêtres qui seuls ont qualité pour entamer des poursuites. On comprendra maintenant pourquoi le pope, sa femme et son clerc sont tournés en ridicule, souvent vilipendés et déchirés dans les chansons populaires. Mais les paysans qui se moquent le plus du clergé, sont les premiers à se prosterner devant l'autel. Les Russes séparent l'Église de ses ministres, et les sectes dissidentes les plus farouches vont au temple. Quant aux popes, ils sont loin d'être des sceptiques, malgré la corruption de leurs mœurs. Ils croient à l'existence du diable, au point d'en avoir peur, la nuit. Ils crient pendant les orages; ils se frappent la tête sur les marches de l'autel, quand ils ont commis quelque méfait, et ils ont une théologie à eux qui leur promet le salut, quoi qu'ils fassent. Un pope dira gravement qu'il est permis de s'enivrer, mais non pas de fumer, attendu que « ce n'est pas ce qui entre dans la bouche, mais ce qui en sort qui souille un homme; » il soutiendra que la maxime : « un prêtre doit vivre de son autel » si-gnifie que le prêtre a le devoir de retirer de l'au-tel tous les profits possibles, que la Providence l'a doué, à cet égard, de talents spéciaux et qu'il faillirait à sa mission s'il ne les utilisait pas.

Mais c'est dans ses rapports avec ses pénitents du grand monde, que le clergé se surpasse, en matière d'accommodement avec le ciel. Un pope, voulant calmer les remords d'une riche *barina*, lui déclara qu'il ne valait rien d'être sans défaut ; parce que l'excès de vertu engendre l'orgueil et que l'orgueil est un péché aussi mortel que celui, tout particulier, dont la femme en question s'a-vouait coupable. L'auteur de cette consultation rassurante et commode n'était pas un humble ecclésiastique, mais un évêque. Il méritait bien de l'être !

II

LE CLERGÉ NOIR

Il y a quarante ans que M. de Custine, parlant
des religieuses russes, dans son livre sur l'empire
des Tzars, faisait, de leur moralité, un tableau des
moins édifiants. Elles ne valaient pas mieux, alors,
que celles de leurs sœurs françaises qui inspirèrent
à Diderot son fameux roman *La Religieuse;* et, depuis, elle ne se sont pas amendées. On en compte
environ sept mille dans tout l'empire; le chiffre
des moines s'élève à neuf mille; le nombre des
couvents est de huit cents. D'après ces chiffres,
chacun de ces établissements ne devrait guère con
tenir qu'une vingtaine de personnes; mais les postulants et les novices grossissent sensiblement
chaque communauté. Les quatre grands *lauras*
— nom donné aux monastères — contiennent
environ cent cinquante moines chacun; deux des
plus importants couvents de femmes renferment
plus de cent sœurs; dans les petites villes de
province, on rencontre des communautés com-

posées seulement de trois ou quatre religieux, de
l'un ou de l'autre sexe, lesquels sont riches, gros
et gras, et mènent un genre de vie qui semblerait
de nature à faire des prosélytes. Cependant, les
ordres monastiques se recrutent difficilement,
malgré les ruses et la pression mises en jeu par
les évêques, pour aider à leur développement.

Primitivement, un homme ne pouvait entrer
dans les ordres avant trente ans ; une femme, avant
quarante ; et les postulants étaient obligés de prouver qu'ils appartenaient à des familles nobles ou
ecclésiastiques. Aujourd'hui, ces règles sont abro-
gées, et il suffit de montrer qu'on sait lire et écrire.
Les vœux ne sont pas éternels ; leur annulation
comporte, toutefois, certaines formalités qu'on
peut, d'ailleurs, abréger en ayant recours au grand
talisman national.... l'argent, donné à bon escient.
Le célibat est obligatoire ; religieux et religieuses
renoncent à tous leurs biens, qui retournent alors
à leurs héritiers ; et, s'ils rentrent dans la vie
laïque, ils sont privés, durant sept ans, du droit
d'habiter Saint-Pétersbourg ou Moscou, ainsi que
de celui d'acheter des terres et d'occuper un emploi
public.

Ces règlements entrent, sans doute, pour quelque chose dans le peu d'empressement que met-

tent les Russes à embrasser la vie monacale ; mais la vraie cause de leur répugnance pour cette carrière réside plutôt dans la haine et le mépris qu'inspire le « clergé noir ». Riches, puissants, arrogants, les religieux des deux sexes n'en sont pas moins des parias. Toutefois, leur existence est des plus douces, et conduit aux plus hauts emplois ecclésiastiques. Tous les grands dignitaires de l'Église — métropolitains, archevêques, archimandrites, abbés, prieurs — sont pris parmi les moines ; les femmes peuvent devenir abbesses, *prieuresses* et saintes mères. On estime que les supérieurs des *lauras* empochent 250,000 francs par an, et ceux des petits monastères, 50,000. Les abbesses ne sont pas moins bien partagées. Il y a quelques mois, une d'elles s'enfuit en France pour se marier, et la *Gazette de Moscou* annonça qu'elle avait amassé, en dix ans, plus d'un million de roubles.

Tout cet argent provient de la superstition qui remplace, en Russie, la religion. Les moines et les sœurs vendent des amulettes, des cierges, des reliques, des images et des indulgences ; ils trafiquent de leurs prières, de leurs bénédictions, du droit d'être enterré dans le cimetière de leurs couvents. Ils mendient dans la rue ; ils frappent à toutes les portes, et le préjugé veut qu'on ne les renvoie pas les mains vides. Baptêmes, mariages, décès, événements heureux ou malheureux, ils exploitent, avec une vigilance et une assiduité sans égales, toutes les circonstances qui prédisposent à la générosité. On en a vu se rendre chez des joueurs qu'ils savaient avoir gagné, la veille, de grosses sommes, et chez des actrices en renom qui passaient pour avoir reçu de beaux diamants.

Ils sont obséquieux avec les nobles, familiers avec la bourgeoisie, insolents avec les pauvres; mais, quelque mépris qu'ils inspirent, personne n'ose s'en faire des ennemis. « Battez seulement le chien d'un moine, dit le proverbe, toute la communauté s'acharnera contre vous. »

Si les propriétés des monastères avaient toujours été respectées, les ordres russes posséderaient aujourd'hui la moitié du pays; mais Pierre le Grand, Élisabeth et Catherine II firent de larges emprunts aux biens du clergé. Actuellement, les moines ne se soucient pas de recevoir des dons de terres. Offrez un champ au supérieur d'un couvent, il vous dira qu'il préfère l'argent ou les bijoux, comme plus « faciles à distribuer parmi ses pauvres : » un pur prétexte, d'ailleurs, car il se garde bien de jamais donner un *kopeck*.

Les religieux ne sont assujettis à aucune règle ; ils ne prient même pas en commun. Le *laura* de Troitza, le plus important de la Russie, situé à une vingtaine de lieues de Moscou, est, en réalité, une petite ville composée d'églises et de boutiques d'images. On n'y compte pas moins de quarante-cinq chapelles, les unes grandes, les autres plus petites, toutes remplies de tombeaux de grands seigneurs et décorées avec un luxe fantastique. Celle de Saint-Serge, le fondateur de l'ordre, est une véritable masse d'or, de diamants et d'émeraudes. Les religieux vivent dans les boutiques d'images ; la moitié de leurs profits doit être versée entre les mains du supérieur ; le surplus est leur bénéfice personnel. Ils portent de longues robes noires, avec des ceinturons de corde, et de grandes barbes ; chacun d'eux est généralement escorté d'un postulant.

Naguère, les moines se recrutaient parmi les élèves les moins riches des quatre séminaires de Pétersbourg, Moscou, Kiev et Casan ; présentement, les évêques font rechercher, dans les écoles, les jeunes gens qui paraissent enclins à ce genre de vie et agissent sur leurs parents, en faisant vibrer la corde toujours sûre de l'intérêt. Parfois, de jeunes gentilshommes se font moines pour enrichir leurs familles ruinées. Parfois aussi des *popes* qui ne peuvent plus exercer leur ministère, parce qu'ils sont devenus veufs, vont se réfugier dans les couvents. Mais personne en Russie n'entre dans les ordres par vocation ou par désanchantement des vanités de ce monde ; car la vie monacale n'est qu'une longue série de rapines, d'impostures, d'intrigues et d'immoralités de toutes sortes.

Le gouvernement se garde bien de chercher à réformer cet état de choses : il lui est trop utile, à l'occasion. Religieux et religieuses lui servent d'espions, et propagent le fanatisme religieux qui vient souvent servir les projets politiques. Tout méprisés qu'ils sont, ils doivent à la superstition du peuple une influence qui, bien dirigée, peut devenir une grande force.

Rien n'est plus difficile à comprendre que le sentiment qui pousse le Russe à s'incliner respectueusement devant une pieuse image, pendant qu'il se moque intérieurement du moine qui la lui présente ; néanmoins, c'est un fait que la mauvaise réputation des religieux des deux sexes ne les empêche pas de pénétrer dans tous les intérieurs, et d'y avoir voix au chapitre. Une femme de haut rang tombe-t-elle malade ? vite une sœur

se présente pour la soigner et est admise immédiatement, parce que le mari craindrait d'être taxé
d'indifférence, s'il refusait un concours réputé
pour appeler la bénédiction du Très-Haut sur le
toit de ceux qui l'acceptent.

Naturellement, la sœur s'occupe fort peu de la
malade ; elle se nourrit bien, marmotte des prières, de temps en temps, au pied du lit, et fait de
longs récits de fables miraculeuses, propres à développer la foi superstitieuse de ses hôtes. En
quittant la maison, elle en connaît tous les secrets,
qu'elle se hâte de porter au bureau de police. Il
en est de même avec les moines. Les Russes savent
parfaitement à quoi s'en tenir sur la façon dont le
clergé et en particulier le « clergé noir » entendent l'inviolabilité de la confession : mais cela ne
les rend pas moins expansifs. Si indigne de leur
confiance que soit le ministre qui les écoute, ils
auraient peur d'attirer sur eux le mauvais sort,
s'ils lui disaient des mensonges. Cette crainte du
« mauvais sort », qui amène le Russe à porter des
turquoises ou à mettre dans sa poche un petit
morceau de drap rouge, a autant de prise
sur le libre-penseur que sur le vieux Moscovite
qu'on entend raconter gravement que les squelettes blanchis des catacombes de Kiev revien-

nent à la vie, le soir de la fête de saint Paul.

Quand le Tzar fut poussé à faire la guerre actuelle, on invita le clergé à prêcher la croisade contre les Turcs infidèles ; religieux et religieuses entrèrent aussitôt en campagne, avec un ensemble remarquable. Le mouvement commença dans le boudoir de l'impératrice, sous les auspices du métropolitain de Saint-Pétersbourg ; les archimandrites le communiquèrent aux salons de la noblesse ; les moines et les nonnes le portèrent dans les rangs du peuple, tout en s'arrangeant, comme de juste, pour y trouver leur profit. Pendant des semaines, pendant des mois, les églises des couvents furent remplies d'officiers et de soldats qui venaient y faire bénir leurs armes, et offrir leur obole à quelque pieux sanctuaire. A cette heure-ci encore, les mères et les fiancées défilent devant les autels, achetant des amulettes, pour rendre invulnérables les êtres aimés qui combattent en Turquie.

La religion est une bonne affaire, quand on l'entend de cette façon.

IV

LES DÉMONIAQUES D'ÉKATERINOSLAV

Ekaterinoslav est une des jolies villes de la Russie méridionale, fondée par Catherine II, dans des circonstances qui montrent que les choses se passaient, il y a cent ans, dans l'empire des Tzars, à peu près comme elles s'y passent aujourd'hui. Potemkin, ayant conquis l'immense région appelée actuellement Nouvelle Russie, détermina l'impératrice, dont il était le favori, à venir la visiter en grande pompe. Mais comme il n'y avait à voir que des plaines désertes et incultes, peuplées de vautours et de gros rats, on improvisa des semblants de villages tout le long du parcours que devait suivre Sa Majesté. Partout où l'impératrice s'arrêtait, elle apercevait des cottages en bois peint et des paysans en habits de fête, qui se précipitaient pour la saluer. Touchée de ce spectacle, la gracieuse souveraine se hâta de faire des serfs de ses nouveaux sujets ; puis, ayant découvert, sur les bords du Dniéper, un endroit pittoresque avec des collines et des bois, elle décida d'y créer une ville qui serait le Pétersbourg du Sud.

Ce projet n'a pas encore été complétement réalisé ; mais nul ne peut prévoir l'avenir d'une cité située dans le voisinage de grandes mines de charbon, et dont le fleuve, qui la traverse, pourra devenir navigable, le jour où les Russes seront libres d'y songer, sans avoir à compter avec les bureaucrates. En attendant, Ekaterinoslav a un joli boulevard, un muséum de minéralogie, un hôtel français avec des lits — ce qu'on ne trouve pas toujours dans les hôtels russes — et un certain nombre de palais inachevés qu'habite l'aristocratie du district, lorsqu'elle vient assister aux assemblées de nobles qui ont lieu trois fois par an.

Les habitants, n'ayant ni industrie ni commerce pour s'occuper, lisent et devisent beaucoup entre eux, sur tous les sujets frivoles ou graves qui occupent le monde : même, la ville se pique d'être un des centres les plus érudits et les plus distingués de la Russie. Les femmes s'habillent selon la mode qu'on suivait à Paris il y a deux ans, et jabotent un français dérivé des romans de M. Paul de Kock. Beaucoup de boutiques ont des enseignes à la française, et quelques coiffeurs gascons, qui n'ont pas réussi sur les bords de la Garonne, viennent là se quereller avec les Allemands, qui enseignent la musique ou l'arithmétique.

Il va de soi que les gens d'Ekaterinoslav n'aiment pas le gouvernement; car partout où les Russes se mettent à penser, c'est toujours aux dépens de leurs dirigeants. Les femmes chez qui on prend le thé, émettent leurs vues sur l'immoralité du clergé, sur la corruption financière, et sur les bienfaits du parlementarisme, comme si c'était là les sujets les plus propres à égayer la conversation. Les hommes dénoncent les abus du pouvoir et, s'il n'y a pas là de fonctionnaires haut placés, ils parlent, en se frottant les mains, de la révolution à venir, comme s'il s'agissait d'une danse de famille, à laquelle tout bon Russe sera ravi de s'associer. Pendant longtemps, les étrangers ont pris ces prédictions pour des vanteries de gens désireux de se poser en frondeurs et en esprits avancés ; mais, depuis la dernière guerre, il faut bien reconnaître que ces propos sont plus sérieux qu'ils n'en ont l'air. Car les victoires récentes qui ont marqué la fin de la campagne contre les Turcs, n'ont pu faire oublier les terribles défaites des premiers mois, et la menace d'une banqueroute ravive, d'ailleurs, à chaque instant ces souvenirs désagréables pour la dynastie des Romanoff. Il y a à Ekaterinoslav une centaine de vieux Russes qui protestent solennellement contre la dépravation de leurs contemporains : il y a aussi des nihilistes, des stearriks, des bejemschicks, dont les dieux se nomment Voltaire, Stenko-Bazin et Pougatcheff ; des démoniaques, dont le culte est quelque chose comme l'adoration du diable, et bien d'autres sectes encore, socialistes ou religieuses.

Toutes conspirent contre le gouvernement ; et, bien que le journal officiel qui se publie dans la ville, sur du papier à chandelle, ne semble pas se soucier beaucoup de ces sociétés, cette sécurité ne suffit pas pour qu'un observateur plus attentif les tienne pour inoffensives.

Dernièrement, au surplus, le journal imprimé sur papier à chandelle a eu à s'occuper des étranges faits et gestes d'une certaine comtesse Olga Nervski qui s'est avisée d'embrasser la religion des démoniaques, à l'heure où les autorités avaient déjà grand'peine à maintenir le calme dans la ville. Un dimanche, la comtesse — laquelle est veuve, par parenthèse — se mit à pousser des cris perçants dans l'église. Le pope s'arrêta au milieu de ses prières ; le sacristain fit des gestes d'effroi ; et le temple se remplit de clameurs de toutes sortes, — car c'est une habitude chez les Russes de s'associer au moindre tapage, sans même se demander pourquoi. Alors la jeune veuve, arrachant son chapeau et dénouant ses cheveux sur ses épaules, se précipita dehors, suivie d'une foule sympathique ; et on raconta bientôt dans la ville qu'Olga Marienovna, comme l'appelaient ses intimes, avait été « illuminée ». Toutefois, la nature de cette « illumination » ne fut connue que le soir, où, en offrant à ses amis du punch et du thé mêlés de jus de citron, la comtesse annonça gravement qu'elle avait embrassé la foi des démoniaques.

Les démoniaques forment une secte issue de la croyance que, l'esprit du mal ayant une large part dans les affaires de ce monde et dans celles de la Russie en particulier, le plus simple et le plus sage est de mériter ses bonnes grâces, en rompant tous les liens, et en reniant toutes les lois de la morale. Ils croient que le démon, touché de leur soumission, refusera de les recevoir dans les lieux de supplices qu'on prétend exister, et que, repoussée en bas, comme en haut, l'âme flottera dans l'espace, jouissant d'un éternel sommeil. Si la comtesse Olga avait vécu du temps de l'empereur Nicolas, elle se fût abstenue de cette démonstration, de peur que le gouverneur civil ne la fît arrêter et fouetter; mais le Tzar actuel a toujours répugné à traiter ses sujets comme des écoliers, tout en se refusant, d'ailleurs, à voir en eux des adultes. Le résultat de cette politique mixte est que nombre de personnes instruites, comme la comtesse et ses amis, ne trouvant pas l'emploi de leurs facultés et l'application des idées que développe en elles la lecture des livres qui se déversent sur le pays comme une lave incendiaire, deviennent capables de commettre toutes les excentricités possibles. Après avoir expliqué sa nouvelle foi aux gens de sa maison, Olga disparut un matin, pour aller prêcher dans la campagne la doctrine de son choix.

Il n'est pas rare, en Russie, de rencontrer des femmes hallucinées, se livrant à des missions de ce genre ; et, dans d'autres circonstances, quelques sacrifices d'argent, au profit du clergé, eussent permis à la jeune veuve de prêcher l'hérésie tant qu'elle l'eût voulu. Mais en ces temps de guerre et de surexcitation générale, où de pareilles équipées ont bientôt fait d'amener des manifestations politiques, les autorités d'Ekaterinoslav ne pouvaient manquer de s'émouvoir.

Depuis un certain temps, du reste, les habitants se montraient boudeurs et défiants à l'égard de leurs dirigeants. L'effronterie du petit journal officiel, en parlant des exploits des armées russes et en dissimulant leurs pertes, avait fini par écœurer ; et la croisade ouverte par une femme jeune et jolie, en faveur d'une croyance qui est la négation de toutes les autres, pouvait avoir prise sur une population lasse de retenue et de respect. Une escouade d'agents fut envoyée à la recherche de la comtesse et on la ramena à la ville, où le gouverneur eut, cependant, le bon esprit de traiter la chose en plaisantant.

Olga Marienovna retourna chez elle, et se borna à dire que son « illumination », — au cours de laquelle il se peut, au surplus, qu'elle ait entrevu les neiges de la Sibérie, — était finie. Mais les cervelles qu'elle avait troublées se guérirent moins facilement ; et la jeune femme dut ressentir de cuisants remords, en apprenant que tous les démoniaques de la basse classe, avec des nihilistes par-dessus le marché, avaient été enrôlés de force dans l'armée.

Ce genre d'échauffourée se termine toujours de cette façon.

Les régiments ont besoin de recrues ; or, comme

les paysans se tiennent à l'écart des bureaux d'enrôlement, toute occasion de suppléer à ce manque de zèle par des engagements forcés, est saisie avec empressement. L'incident eut un autre avantage ; il débarrassa la ville du gros des mécontents et permit à l'organe de l'administration de déclarer solennellement que les infortunés, embrigadés malgré eux, « étaient partis heureux de pouvoir racheter leur faute, en se dévouant à leur pays. » C'est ainsi qu'on pratique le journalisme officiel dans la Sainte Russie.

CHAPITRE SIXIÈME

LA JUSTICE

I

LE COMMERCE JUDICIAIRE

En France et ailleurs, « nul n'est censé igno-
rer la loi; » mais un Russe qui voudrait connaître la législation de son pays aurait à étudier
vingt et un volumes in-folio, contenant chacun
deux mille pages. Toutes les circonstances, tous
les détails, toutes les habitudes de la vie cou-
rante y sont prévus : par la bonne raison que, chaque fois qu'un personnage influent s'est trouvé
gêné ou contrarié par l'intérêt d'autrui, il s'est
empressé d'obtenir un décret impérial pour y
mettre ordre. Il y a des règlements sur la façon
de porter la barbe ; il y en a d'autres sur la coupe
des habits ; un homme ne peut allumer son cigare dans la rue, sans s'exposer à être poursuivi

aux termes d'un décret quelconque, si l'on tient à lui créer des embarras. Dans d'autres pays, tout ce que la loi ne défend pas est permis ; dans celui-là, tout ce que la loi n'autorise pas expressément est interdit, et les habitants n'ont d'autre moyen de remédier à ce désagréable état de choses que d'acheter autant de liberté qu'il leur en faut pour leur usage personnel, comme on achète, autre part, le gaz et l'eau. Si tous les édits rendus étaient strictement mis en vigueur, on ne pourrait même pas respirer ; mais la corruption compense la compression, à la façon dont la contrebande compense les droits de douane.

Il n'y a pas à s'y tromper : c'est le caprice et le bon plaisir qui l'emportent sur toutes les clauses enregistrées dans les vingt et un volumes. Un personnage influent ou riche, qui a un différend avec quelqu'un de sa classe, se garde bien de s'adresser à la justice pour le vider. L'incident est soumis au « maréchal de la noblesse » du district, lequel, assisté de quelques gentilshommes, décide qui a tort ou raison. Parfois, la décision est juste ; souvent elle ne l'est pas ; cela dépend de l'intérêt qu'ont les arbitres à donner gain de cause à telle ou telle des parties en litige. Mais quand un *tschinnovnick* a une contestation avec un pauvre diable, alors il se passe ceci : si le personnage a pour lui les gens de son monde, l'autre est immédiatement condamné. S'il est livré à lui-même et que son adversaire ait derrière lui une corporation ou une société de secours mutuels, il pourra perdre son procès.

Presque tous les Russes, exerçant une profession ou un commerce, appartiennent à une association ; les cochers en ont une ; les garçons de café, aussi. Les juifs forment une société redoutée pour la façon dont ses membres se soutiennent l'un l'autre. Un noble s'avisera rarement d'avoir un procès avec un juif ; s'il s'y aventure, ses amis l'engageront à transiger, et il finira par se ranger à cet avis. Les israélites se poursuivent rarement entre eux ; quand les Russes les citent en justice, l'argent assure leur succès. Pour se résoudre, d'ailleurs, à recourir aux tribunaux, il faut que les adversaires en présence soient bien irrités l'un contre l'autre, car le procès leur coûtera dix fois plus cher qu'un arrangement à l'amiable. Les magistrats ne reçoivent pas directement de *pots-de-vin* ; mais on les leur fait remettre par les notaires, corporation habile à tous les points de vue.

Un juge de première instance est payé mille

francs par an, et a acheté sa charge, en secret, pour cent mille ; son revenu annuel dépend donc surtout de ses petits profits particuliers, et la balance de la justice lui sert seulement à voir dans lequel des plateaux il y a le plus de roubles.

Il peut prétendre, au surplus, pour consoler sa conscience, qu'il veut la justice, non l'injustice ; car, quelque arrêt qu'il rende, il existe un décret pour l'appuyer, et si sa décision est cassée par un tribunal supérieur, celui-ci peut affirmer à son tour qu'il a la loi de son côté. Pour tout dire d'un mot, le procès civil en Russie est une vente aux enchères, où le plus offrant détermine le juge à choisir, dans le Code, l'article qui lui donne raison.

Les étrangers sont exposés, dans les premiers temps de leur séjour, à être cités en justice par des voisins soucieux de leur extorquer de l'argent. S'ils résistent à ce chantage et qu'ils se ménagent les bonnes grâces du tribunal, on les laissera tranquilles dorénavant ; de même que dans les pays où le duel est admis, on ne cherche plus querelle à celui qui a fait ses preuves.

En matière criminelle, le sort des accusés dépend surtout de la situation et de la fortune de ceux qui les font poursuivre. Les magistrats russes ont une indulgence paternelle pour les voleurs, et s'ils ne sont pas payés pour les frapper sévèrement, ils leur infligent le plus souvent une peine légère. Dans tous les cas, un prisonnier qui désire être ménagé doit avoir soin de faire tenir un cadeau à son juge ; les avocats, du reste, ne manquent pas de rappeler cette précaution à leurs clients. Si le magistrat a déjà été payé pour condamner, il ne pourra pas acquitter ; mais il prononcera une peine insignifiante. Si la faute est telle qu'une répression sévère soit de rigueur, l'avocat engagera son client à garder son argent pour se procurer sa grâce ou tout au moins pour obtenir des adoucissements à sa prison.

Les jurys ne siégent que pour les crimes de trahison ou d'assassinat ; eux aussi sont corruptibles et très-faciles, en outre, à émouvoir. Il faut même qu'un avocat ait bien peu de talent pour ne pas réussir à faire pleurer un jury russe. Tout le monde connaît l'histoire d'un prisonnier acquitté parce qu'on était à la veille de Pâques, et celle, non moins édifiante, du jury d'Odessa qui renvoya absous un homme accusé d'avoir tué sa femme, sous prétexte que la malheureuse frappait son mari lorsqu'il était ivre. En thèse générale, il est reconnu qu'il vaut mieux tuer un ri-

che que de le blesser, parce que, dans le second
cas, il peut poursuivre ; tandis que, dans l'autre,
sa famille néglige souvent de dépenser l'argent
qu'entraînerait la condamnation du meurtrier.

Ce sont, du reste, les riches et les nobles qui
fournissent, par leurs poursuites contre les gens
de la basse classe, les plus gros contingents aux
prisons et aux colonies pénitentiaires de la Sibérie.

Les lois sont faites de telle façon qu'une simple dette, un manque de parole, une négligence
quelconque dans l'exécution d'un contrat peuvent
être transformés en autant d'actes de trahison par
tout *tschinnovnick* vindicatif ou entreprenant. Sans
les corporations qui protégent le pauvre, les cas
de ce genre seraient plus fréquents encore qu'ils
ne le sont ; et ces associations sont souvent obligées de dépenser des sommes énormes pour arracher un innocent aux conséquences d'une action
criminelle qui, ailleurs, ne pourrait même pas
être intentée. Les gens de la campagne n'ont pas
cette ressource ; ils y suppléent en brûlant, de
temps à autre, les châteaux de leurs seigneurs,
pour les rappeler au sentiment de l'équité. Quant
aux domestiques, ce sont peut-être les plus à
plaindre ; car, plus exposés que d'autres à offen-

ser ou à déplaire, ils n'ont personne pour les défendre.

Un valet de chambre, qu'une indiscrétion a fait tomber en disgrâce, peut se voir arrêté un beau matin, sous l'inculpation de larcin. Il pourra dire, il est vrai, que tous ses confrères volent en Russie et qu'il y a longtemps qu'il a pris cette habitude : mais cette excuse ne lui servira guère et, suivant ce que paiera son maître, il sera expédié en Sibérie ou enfermé dans une prison. On cite de grands personnages qui, non contents d'avoir obtenu la condamnation de leurs domestiques, se sont arrangés pour les faire fouetter dans leurs cellules pour manquement à la discipline de la maison de détention. De grandes dames ne dédaignent pas d'avoir recours à ce moyen ; il est des soubrettes françaises qui ont appris, à leurs dépens, ce qu'il en coûte de jaser des secrets d'un boudoir russe.

La réflexion que voici servira de conclusion à ces lignes. On comprend qu'il existe des prisons en Russie à l'usage des assassins ; mais, quand on considère que le vol y est érigé en système administratif et judiciaire, on s'étonne qu'un magistrat ait le front d'emprisonner des voleurs. Le Tzar paraît, du reste, comprendre les côtés choquants de ce contraste ; car, chaque fois qu'il voyage, il met en liberté des fournées de prisonniers, et ces vauriens sont accueillis alors par la population, comme si c'étaient des frères, dont la mauvaise chance fût le seul tort !

II

LE DÉPART POUR LA SIBÉRIE

Les Russes ont aboli la peine de mort, pour donner aux étrangers une haute idée de leur humanité et de leur civilisation ; mais ils ont inventé la transportation en Sibérie : une mort lente, qui remplace avantageusement la première.

Un Russe peut être envoyé en Sibérie, à la suite d'un arrêt rendu par une cour, ou aux termes d'un décret impérial, provoqué par le ministère de la police ; dans ce dernier cas, on dit « qu'il attend le bon plaisir de l'Empereur, » et sa condamnation ne reçoit aucune publicité. Il a été arrêté secrètement ; il a disparu ; mais, qu'il soit en prison, attendant son procès, ou qu'il

ait été expédié aux mines de mercure, dans le
voisinage du lac Baïkal, personne n'en peut rien
dire, à moins qu'un employé de la police, prenant
en pitié les larmes d'une femme désolée, ne l'engage à espérer dans la clémence du Tzar, ce qui
équivaut à lui apprendre qu'elle est veuve. Comment concilier de pareils procédés avec ces prétentions à la philanthropie qu'on rencontre, en
Russie, à chaque pas, sous toutes les formes, et
qui feraient croire aux voyageurs que le temps de
ces iniquités est passé ?

Les sujets du Tzar affirment aux étrangers que
les transportations arbitraires ont cessé depuis
nombre d'années ; mais ils avouent le contraire,
lorsqu'on les a suffisamment pratiqués pour savoir leur faire dire la vérité. On découvre alors
que presque tous les gens, un peu répandus dans
le monde, sont à même de citer des exemples de
personnes transportées pour des raisons mysté-
rieuses ; et, quant au prétexte allégué, que certains crimes exigent d'être punis à huis clos pour
ne pas occasionner de scandale, il tombe devant
ce fait, que le gouvernement n'hésite pas à poursuivre publiquement des conspirations nihilistes
dans lesquelles figurent jusqu'à des généraux et
des femmes de tout rang. Ce qu'on peut dire avec

plus de raison, c'est que l'autorité s'adresse aux tribunaux, toutes les fois qu'elle est sûre qu'ils condamneront; mais que, si le coupable s'est rendu suspect sans avoir commis, cependant, aucun délit particulier, il est expédié en Sibérie sans autre forme de procès.

On prétend que les victimes de cette justice sommaire conviennent qu'elles ont mérité leur peine. C'est possible; car leur seule chance d'être pardonnées ou d'obtenir de communiquer avec leurs familles, repose sur leur soumission absolue à leur sort. Si elles refusent de se reconnaître coupables, humblement et par écrit, on n'en entendra plus jamais parler, et l'impossibilité de faire savoir au monde qu'elles ont été frappées injustement, servira de châtiment à leur force d'âme.

La Sibérie a une superficie égale à six fois celle de l'Angleterre et de l'Écosse. Elle renferme un grand nombre de colonies pénitentiaires, échelonnées à de longues distances et très-différentes l'une de l'autre, au point de vue des misères qu'elles réservent à leurs habitants. Les « colons » sont divisés en trois catégories : ceux qui vivent à leurs frais et auxquels on permet d'avoir leurs familles avec eux; ceux qui sont

entretenus par le gouvernement et que l'on autorise à travailler pour leur compte; enfin ceux
qu'on astreint à un travail forcé, sur les routes ou
dans les mines.

Les mineurs passent pour être les pires criminels, et leur punition équivaut à un arrêt de mor
par voie de torture lente; car elle les tue avant
dix ans, et ruine leur santé beaucoup plus tôt.
Un condamné ne connaît le genre de vie qu'on
lui destine, qu'une fois arrivé en Sibérie; même
lorsqu'ils prononcent la peine des travaux forcés,
les juges s'abstiennent de mentionner les mines.
Aussi, s'il a de l'argent ou des amis influents,
le prisonnier fera-t-il bien d'employer le temps
qui s'écoule entre son procès et son départ, à
« acheter » un ordre qui précise qu'il sera employé aux travaux ordinaires. Autrement, il est
sûr d'être descendu sous terre, et de ne revoir
le ciel que pour aller mourir dans une infirmerie.

Les condamnés partent en troupes, au com-
mencement du printemps, dès que la fonte des
neiges a rendu les chemins praticables. Ils font
tout le voyage à pied, escortés d'un détachement
de cosaques, armé de pistolets, de lances et de
longs fouets; derrière, suit une file de méchantes
charrettes, pour porter ceux qui tombent, épuisés,

sur la route. Le départ a toujours lieu la nuit, et l'on a soin que le convoi traverse, après la chute du jour, les villes par lesquelles il faut qu'il passe. Chaque homme a une sorte de manteau gris, avec un numéro en cuivre sur la poitrine, de grandes bottes et un bonnet en peau de mouton. Il porte une couverture sur son dos, un gobelet en étain et une cuillère de bois à sa ceinture. Les femmes ont des manteaux noirs à capuchon et marchent à part, entourées, comme les hommes, d'une escorte de soldats. Deux cu trois gardiennes suivent dans les charrettes.

En quittant les grandes villes comme Saint-Pétersbourg, les prisonniers ont les mains enchaînées derrière le dos ; mais on leur ôte leurs fers, en dehors des murs, sauf aux individus signalés comme dangereux. Ceux-là gardent une chaîne à la jambe, pendant tout le trajet ; quelquefois même on les accouple trois par trois, à l'aide d'un joug en bois qui repose sur leurs épaules et qui emboîte leurs cous dans des colliers de fer.

Plus d'un étranger, de passage à Pétersbourg, aux environs de Pâques, s'est heurté, au sortir d'un bal, contre un de ces sinistres cortéges. Il est interdit de s'en approcher. Les cosaques font claquer leurs fouets en signe d'avertissement, et circulent le long des rangs, avec des lanternes attachées à leurs lances, qu'ils abaissent à tout instant pour s'assurer que les prisonniers ne laissent pas tomber de lettres. Assassins, voleurs, nihilistes, soldats indisciplinés, patriotes polonais sont confondus pêle-mêle, marchant d'un pas rapide et silencieux. Les femmes viennent ensuite, grelottant, sanglotant, mais n'osant pas pleurer trop haut, de peur du fouet. Des jeunes filles, anciennes étudiantes de Zurich impliquées dans un complot de nihilistes, des Polonaises coupables d'avoir conspiré pour l'affranchissement de leur pays, coudoient des misérables de la pire espèce, condamnées pour avoir fabriqué des faux billets de banque, ou pour avoir tué leur enfant sous l'influence du *vodki*.

A la première église, hors de la ville, il y a une halte pour entendre la messe du départ et un sermon. Le pope monte à l'autel, exalte la clémence du Tzar et recommande la soumission. Les jeunes étudiantes, les Polonais et les prétendus conspirateurs ont là un avant-goût du langage qui leur sera tenu, chaque fois qu'ils parleront de grâce et de pardon. Quand les prisonniers quittent le temple, on leur enlève leurs chaînes, et ils deviennent libres de causer entre eux, excepté lorsqu'ils traversent une ville. Ils peuvent chanter aussi, si le cœur leur en dit ; et parfois ils essaient de faire diversion à leur douleur, en redisant les vieux airs du pays qu'ils ne reverront plus.

Bientôt, le bruit s'est répandu qu'un convoi de condamnés approche. Les paysans sortent de leurs logis, avec du *tschi*, du pain, du *kwass* ou du *vodki* et vont déposer, sur la route, ces offrandes. Ils les placent sur le bord du chemin, au moment où apparaît l'avant-garde, puis s'éloignent ; car il est défendu de parler aux prisonniers.

La pitié ressentie pour les exilés est universelle, et s'explique facilement dans un pays où ce ne sont pas toujours les plus coupables qui se voient punis. Un villageois donnera son dernier morceau de pain pour nourrir un de ceux qu'il appelle simplement « des malheureux », et les cosaques eux-mêmes laissent percer, à travers leurs allures brutales, une certaine sympathie, pour les infortunés commis à leur garde. Ils les laissent causer de n'importe quel sujet, et n'usent de leurs fouets que dans les cas d'insubordination. Malheureusement, le délire de la fièvre est souvent pris pour une tentative de rébellion, en sorte que des gens incapables d'aucun acte d'indiscipline, mais fous de douleur ou de fatigue, sont attachés et fouettés pour servir d'exemple aux autres.

La ration accordée aux prisonniers se compose d'une galette de biscuit et d'un morceau de bœuf salé ; ils boivent où ils trouvent là de l'eau, ce qui est parfois difficile, dans les immenses steppes qu'ils rencontrent sur leur route. Lé soir, le convoi bivouaque dans les forêts de sapins, aux abords d'un village ou dans la plaine, sans abri pour se protéger contre la pluie, le vent et le froid. Beaucoup meurent en chemin, et sont ensevelis dans des trous creusés par leurs camarades. Il faut au moins un mois et demi pour aller de Saint-Pétersbourg aux monts Oural ; et nombre de prisonniers, une fois parvenus là, ont encore à marcher pendant des semaines pour gagner leur lieu de destination. Longtemps avant d'atteindre la frontière sibérienne, la rareté des habitations, l'aridité du sol, la teinte noire du ciel, l'âpreté du climat ont jeté l'épouvante dans le cœur des plus braves ; ils marchent lourdement, le visage contracté, sans avoir, désormais, envie d'échanger entre eux une parole.

Un voyageur décrivait récemment dans la *Pall*

Mall Gazette un autre mode d'envoi des condamnés en Sibérie. « J'ai vu, dit-il, vers midi, une
troupe de cinq cents hommes de tout âge, enchaî-
nés quatre par quatre, traverser le champ de
foire de Nijni Novgorod. Les femmes et les enfants suivaient à pied ; les malades et les infirmes
étaient, en arrière, dans des charrettes. Les transactions cessèrent comme ils passaient, et tout le
monde semblait compatir à leur sort. On les en-
ferma dans la citadelle, et, le lendemain matin,
ils furent entassés dans un bateau qui pouvait
bien jauger mille tonnes. Sur le pont de ce navire, il y avait une sorte de cage à poules, fermée
par des barreaux de fer et flanquée de deux cabi-
nes destinées aux gardiens. C'est là que les prisonniers viennent prendre l'air ; un steamer re-
morque le navire tout le long du Volga, lui fait
remonter ensuite la Kama et le laisse à Perm où
commence le voyage par terre. Pendant deux ou
trois mois au moins, des détachements de ce genre
se sont succédé tous les quinze jours. Il est peu de
spectacles plus attristants. Malgré les costumes gris
et les cheveux coupés ras, on distingue sans peine,
dans les physionomies, les différences de milieu
social et de culpabilité, qui séparent ces malheureux ainsi confondus dans un même châtiment. »

Tous les exilés ne se rendent pas en Sibérie, dans un convoi. Si un prisonnier est riche et qu'il n'y ait pas de *tschinnovnick* intéressé à le voir mourir en chemin, il pourra obtenir, avec de l'argent, le privilége de voyager à ses frais. On lui permet alors d'emmener sa femme, des domestiques — s'il en trouve d'assez dévoués pour le suivre — et tout le bagage qu'il lui plaît d'emporter. Mais il est obligé de payer son escorte, laquelle est de cinq cavaliers au moins, commandés par un officier.

Les exilés de cette catégorie, qu'on rencontre parfois dans les steppes, ont l'air de touristes voyageant pour leur plaisir. Les femmes essaient de paraître gaies; et il est remarquable qu'aucune d'elles n'hésite à accompagner son mari, si elle en obtient la permission. Les plus élégantes, celles qu'on eût pu croire incapables de dévouement et d'affection, se transforment souvent sous le coup du malheur, et affrontent bravement la dure nécessité qui s'est abattue sur leur toit. Celles qui refusent de partir avec leurs maris sont l'exception, et la société leur ferme ses portes. Un exilé en Sibérie est mort civilement; sa femme peut demander à divorcer, et elle est libre de se remarier. Mais dans les rares occasions où ce droit a été revendiqué, on a généralement soupçonné que la femme avait été le principal artisan de la disgrâce et de la transportation de son mari.

III

LES COLONIES ET LES MINES

Les condamnés qui ont quelque fortune et auxquels on permet de vivre de leurs ressources, habitent des villages dont la population mâle ne doit jamais excéder deux cents âmes. Ces colonies sont séparées l'une de l'autre par une distance d'au moins vingt verstes ; chacune est sous la garde d'une compagnie de soldats et de trois officiers. Le commandant du détachement a le rang de lieutenant-colonel, et gouverne avec l'aide de ses deux subalternes. En cas d'assassinat ou de tentative de rébellion, il dépêche un cosaque au village voisin pour y demander deux officiers, et l'on forme alors une cour martiale, composée de cinq juges, ayant droit de vie et de mort sur les

accusés traduits devant eux. Aucune communica-
tion n'est permise de colonie à colonie ; si deux
frères sont transportés ensemble, on a soin de les
séparer ; de même, pour un père et un fils. Les
habitations diffèrent, au point de vue de la grandeur et du confort. Quelques-unes, bâties aux
frais de gentilshommes en disgrâce, sont convenablement installées ; d'autres ne sont que des
huttes, dont un énorme poêle constitue tout l'a-
meublement. Dans les plaines désolées qui s'étendent au delà de Tobolsk, et plus loin encore, près
de la Jenissa, l'hiver se prolonge pendant neuf
mois, et la clarté du jour ne dure souvent pas plus
de six heures. Les colons organisent des sortes de
soirées, où l'on se distrait en buvant et auxquel-
les s'associent souvent les officiers et les popes du
village.

Les fonctionnaires et les soldats sous leurs ordres sont, généralement, des indisciplinés qu'on
a expédiés en Sibérie pour les punir ; mais les
condamnés ne gagnent rien à ce choix, car un
commandant qui laisse échapper un déporté est
envoyé aux mines à perpétuité, et il suffit d'une
simple lettre transmise clandestinement à destination, pour faire dégrader l'officier responsable.

Aussi, une surveillance active est-elle exercée

sur les caravanes de juifs qui viennent, de temps
en temps, vendre des provisions dans les villages,
et dont l'arrivée est la plus grande distraction des
exilés. Pendant un jour ou deux, les colonies se
transforment en foires ; les exilés qui ont de l'argent peuvent se procurer des vivres, des vêtements et des conserves. Les juifs ne se refusent
pas à emporter des lettres, si on les paie suffisamment ; et les gouverneurs ferment parfois les
yeux, quand on prend soin de les corrompre.

Mais, si un condamné néglige cette précaution
et qu'il soit découvert, il est fouetté immédiatement. Le fouet est administré aux femmes comme
aux hommes. Si même une malheureuse, qui
s'est exilée volontairement pour ne pas quitter
son mari, commet quelque infraction aux règlements, on lui donne le choix entre la peine du
fouet et le renvoi, pour toujours, dans ses foyers.
Le châtiment corporel est le grand moyen de répression employé en Sibérie. Dans les mines,
dans les escouades qui travaillent aux routes, une
réplique un peu vive suffit à faire pleuvoir les
coups ; dans les colonies dites libres, on échappe
à cette extrémité en payant. Les gouverneurs ne
sont pas, cependant, plus cruels que d'autres ; ce
sont surtout des ivrognes, qui ont intérêt à res-

ter en bons termes avec leur personnel. Ils permettent souvent aux condamnés de circuler autour des villages, sans dépasser, toutefois, un rayon de cinq verstes, et leur laissent tuer le temps comme ils l'entendent. Deux fois par an, un inspecteur général vient recueillir les rapports et accorder des grâces. Les gouverneurs peuvent user de cet intermédiaire pour recommander à la clémence du Tzar tel ou tel exilé ; mais ces recommandations sont rarement accueillies, parce qu'on sait qu'elles sont généralement achetées.

Il y a une époque particulièrement douloureuse dans la vie des déportés, qui ont leurs familles auprès d'eux. Leurs fils grandissent et atteignent l'âge où ils doivent servir dans l'armée ; à vingt ans, leurs filles sont forcées de choisir entre le retour en Russie, ou un mariage qui les fixe définitivement en Sibérie. Une fois partis, les enfants ne revoient plus leurs parents. Si douloureuse, pourtant, que soit cette séparation, beaucoup de pères et de mères préfèrent la subir que de condamner leurs enfants à vivre dans des solitudes où ils ont eux-mêmes tant souffert. Parfois, un jeune exilé s'éprend de la fille d'un de ses compagnons d'infortune : pauvre roman qui s'achève souvent dans les larmes, car les deux amoureux ne peuvent pas se marier sans la permission du gouverneur, et il ne la donne pas toujours. On a vu des femmes recevoir leur grâce, après avoir sollicité la permission de se marier, et être obligées d'abandonner leurs fiancés, malgré leurs prières et leurs larmes.

Le pardon est un acte d'ostentation plutôt qu'une mesure de clémence ; il faut que la ville, choisie comme résidence pour la personne graciée, ait l'occasion d'admirer la magnanimité de l'Empereur. Les exilés qui ont passé plus de dix ans en Sibérie sont rarement libérés : ils auraient trop à raconter, à leur retour. C'est généralement, après deux ou trois ans, qu'on a le plus de chance d'obtenir la remise de sa peine, et il est arrivé que des condamnés ont eu leur grâce, à peine installés dans la colonie.

De là cette légende, répandue surtout à l'étranger, que, sauf les cas exceptionnels d'offense à des personnages haut placés, un déporté est toujours sûr d'obtenir sa libération. Le motif de la condamnation ne joue pourtant qu'un rôle très-secondaire dans les questions de ce genre. Un drôle qui a des amis influents se fera mettre en liberté presque immédiatement, tandis qu'un pauvre diable qui n'a qu'une peccadille sur la conscience, mais qui se trouve sans protections, pourra mener une conduite exemplaire et implorer en vain la pitié de son geôlier. C'est au début de l'été que les condamnés libérés quittent la Sibérie; ils voyagent en caravanes, puis se dirigent isolément vers les villes qui leur ont été désignées, et où ils restent placés sous la surveillance de la police. S'ils se comportent bien; si, surtout, ils pratiquent un silence prudent, ils obtiennent, plus tard, de retourner dans leurs foyers. Mais le séjour de Saint-Pétersbourg, de Moscou et d'Odessa leur est à jamais interdit, à moins qu'ils ne consentent à devenir espions.

Les condamnés qui travaillent aux mines sont ou des coquins de la pire espèce, ou des hommes politiques de la bonne trempe. L'infamie de l'assassin et le patriotisme intelligent du Polonais sont jugés également dignes de cette mort lente. Ils n'aperçoivent jamais un rayon de soleil. Le jour, ils creusent la terre pour en extraire du cuivre ou du mercure; la nuit, ils dorment dans des trous, où ils ne peuvent pénétrer qu'en rampant.

Des portes de fer, gardées par des sentinelles, ferment les galeries; des surveillants accompagnent les mineurs, et ont pour toute consigne de ne pas les ménager. Le prince Joseph Lubomirski, qui fut autorisé à visiter une mine de l'Oural, à une époque où l'on croyait pouvoir compter sur sa discrétion, a publié un récit effrayant de ce qu'il vit. Des malheureux atteints du tremblement produit par les vapeurs mercurielles; des hommes chauves, décharnés, maigres comme des squelettes, étaient obligés de travailler sous le fouet. Ils se reposent seulement deux jours par an, à Noël et à Pâques; tout le reste du temps, ils sont tenus à la tâche, jusqu'à ce que leurs forces les abandonnent. Alors on les hisse au haut du puits, et ils vont mourir à l'hôpital.

Cinq ans aux mines de mercure suffisent à réduire un homme jeune à l'état d'octogénaire; mais on a vu des natures robustes supporter jusqu'à dix années de ce régime. Quiconque a subi ce genre de peine n'est jamais complétement gracié; il peut simplement obtenir d'être employé aux travaux des routes, et cette pauvre ambition réussit mieux encore que la crainte du fouet à maintenir la discipline.

Les femmes sont employées dans les mines pour tamiser le minerai, et n'y sont guère mieux traitées que les hommes. De grandes dames polonaises sont mortes, pendant que les journaux de Saint-Pétersbourg annonçaient qu'elles étaient exilées dans un village; plus récemment, des femmes mêlées aux conspirations nihilistes ont été enfermées dans les mines, en raison de leur condamnation aux travaux forcés.

Une pareille condamnation, quand on ajoute que la peine sera subie en Sibérie, équivaut à un arrêt de mort. Le gouvernement sait parfaitement qu'il est impossible de survivre longtemps aux tortures de la réclusion dans ces prisons souterraines, et l'emploi d'un euphémisme pour remplacer les mots « peine de mort », n'est qu'une de ces formules hypocrites dans lesquelles se complaît l'officialisme russe.

Une fois par semaine, un pope, exilé lui-même, descend dans les galeries pour y porter les consolations de la religion, aussi pour y vendre de mauvaise eau-de-vie. Les mineurs reçoivent de temps en temps un kopeck; cet argent passe invariablement en alcool qui leur rend une vigueur factice et leur apporte le seul adoucissement auquel ils puissent prétendre sur cette terre : celui de l'oubli que donne l'ivresse.

On a le cœur serré à l'idée des souffrances que doivent endurer ceux que leur éducation prive de cette suprême ressource, les professeurs, les journalistes, les esprits distingués, condamnés à être enfouis sous terre pour avoir propagé ces idées libérales qui, ailleurs, conduisent aux honneurs et à la gloire.

Peut-être les libéraux anglais qui célèbrent la civilisation et l'humanité des Russes se montreraient-ils moins enthousiastes, s'ils pouvaient entrevoir leurs coréligionnaires moscovites expiant, dans les mines de l'Oural, leurs théories progressistes, avec un prêtre ivre à leurs côtés pour leur prêcher la patience !

CHAPITRE SEPTIÈME

LA POLICE POLITIQUE

I

LES AGENTS

LES HOMMES.

Quand le matamore d'une école a envie de se mesurer avec un camarade plus faible que lui et qu'un prétexte lui manque pour entamer ce pugilat, il envoie son jeune frère chercher querelle à sa future victime. Le jeune frère est bousculé ; le matamore accourt en reprochant à l'autre d'abuser de sa force, et l'accable de coups. C'est là ce qui vient de se passer en Orient. La Russie a poussé les Serbes et les Bulgares à se révolter ; puis, elle est tombée sur la Turquie, pour la punir de s'être défendue.

Depuis soixante ans, les émissaires russes infestent les principautés Danubiennes et, dans cet intervalle, leurs machinations et leurs intrigues

ont réussi trois fois — en 1827, 1853-54, 1876-77,
— à faire couler le sang, à propos d'une question
qui n'eût jamais existé sans eux. Convoitant les
provinces de la Turquie d'Europe, mais empê-
chés de les prendre, par la vigilance des Anglais,
les Russes se sont employés à rendre les pays
chrétiens ingouvernables pour pouvoir dire que
le Sultan ne savait pas les administrer. Jamais
peuple ne fut provoqué aussi ouvertement que
les Turcs ; jamais pouvoir ne fit plus de concessions, pour enlever à ses adversaires tout prétexte
à mécontentement.

Les hospodars de Roumanie et de Serbie devinrent peu à peu indépendants. Ils eurent leurs
armées, leurs parlements, leurs tribunaux, leurs
droits de succession au trône ; le faible lien qui
les unissait encore à la Turquie était plutôt pour
eux une protection qu'une chaîne. En Bulgarie,
en Roumanie, en Albanie et dans le Monténégro,
les chrétiens étaient libres de posséder des terres,
de trafiquer, d'avoir leurs écoles et leurs églises.
Le clergé était beaucoup plus indépendant qu'en
Russie. Les prêtres étaient nommés par le pa-
triarche de Constantinople, sans que jamais la
Porte intervînt dans ces choix ; s'ils se montraient ignorants, corrompus, dissolus, ce n'était

pas la faute des Turcs. La seule infériorité dont les
chrétiens pussent se plaindre, était leur exclusion
du service militaire ; mais ils n'auraient jamais
supposé qu'il y avait là matière à récrimination,
si les émissaires moscovites ne leur eussent mis
en tête que le bonheur humain consiste à dépenser dix ans de sa vie comme simple soldat, au prix
d'un sou par jour. Le paysan français, qui maudit la conscription, eût volontiers changé son sort
contre celui de l'habitant de la Bulgarie dispensé
de ce dur sacrifice.

Le Bulgare payait peu d'impôts, et gagnait facilement sa vie : une vie simple, il est vrai, mais
abondante et peu coûteuse. S'il menait ses vaches
et ses porcs au marché, il n'avait pas de droits d'oc-
troi à acquitter ; s'il établissait une distillerie, il
le faisait à sa guise, sans être gêné par personne ;
lorsque son père mourait, il héritait de son champ,
sans avoir à débourser le moindre droit de succession. On a fait grand bruit de l'obligation où
était le Bulgare de descendre de son âne quand
il rencontrait un pacha pour lui témoigner son
respect ; mais le paysan russe s'agenouille, dans la
boue, sur le passage du gouverneur de sa province,
et les Bulgares eux-mêmes rendent volontairement des honneurs semblables à leurs nobles. On a

dit également que le Bulgare qui refusait d'acquitter ses rares impôts était battu. Les Turcs n'ont pas eu, il est vrai, le temps de bâtir des pénitenciers ; et, en admettant que de pareilles institutions aient existé dans leur pays, l'emprisonnement en masse des chrétiens réfractaires eût été un remède bien long et bien coûteux pour un mal qui exigeait une plus prompte solution. La bastonnade n'était pas, d'ailleurs, la suite inévitable et immédiate du refus de payer l'impôt. Le pacha écoutait les raisons invoquées par le délinquant, et si celui-ci était vraiment gêné, on lui laissait du temps pour s'acquitter ; il n'y avait que dans le cas où le Bulgare mentait et cachait son argent, qu'on lui appliquait la peine du fouet. On a même remarqué que les individus à peau sensible cédaient à la première menace, pendant que d'autres, à l'épiderme moins délicat, restaient perpétuellement, malgré les coups de bambou, les débiteurs du Trésor.

Si l'on peut faire un reproche aux employés musulmans, c'est d'avoir été trop indulgents, pour éviter les discussions avec leurs gênants subordonnés. Maintes fois, des pachas étaient mandés à Constantinople à propos de cruautés qu'ils n'avaient pas commises, ou qui avaient été sensiblement exagérées. Les Bulgares savaient que l'ambassadeur russe épousait leur cause, et ils en abusaient pour se plaindre sous le moindre pré-texte. Ce sont d'incorrigibles menteurs, qui lassent la patience de quiconque a affaire à eux. Si on les frappe dans un mouvement de colère, ils se font tout petits et pleurent, jusqu'à ce qu'on s'éloigne d'eux, de dégoût et de pitié. Les sujets chrétiens de la Turquie sont toujours demeurés serviles et malhonnêtes, parce que leurs conseillers moscovites s'employaient à les laisser tels, pour les rendre plus ingouvernables. Dans toutes les provinces danubiennes, les agents de la Russie étaient perpétuellement à l'œuvre, répandant la calomnie, la flatterie, les excitations et affectant toujours la pitié. Les uns étaient des colporteurs; les autres, des marchands de chevaux; certains s'établissaient comme maîtres d'école, dans des villages; des prêtres, payés par l'or russe, les secondaient.

Soumis à ce régime, entendant dire de toutes parts qu'il était maltraité, le Bulgare arrivait à le croire. Il ne se contentait plus de ce qu'il avait; il rêvait de ce qu'il pourrait avoir. On lui disait qu'une fois délivré du joug turc, son champ vaudrait deux fois le prix actuel; qu'il aurait quatre fois plus de bœufs, et des poules à volonté. On lui représentait le pacha comme un ennemi, alors que ce fonctionnaire trop nonchalant le protégeait contre le Turc de la basse classe, qui n'en eût fait, sans lui, qu'une bouchée.

Longtemps avant que le gouvernement se fût convaincu que la conciliation était impossible avec de pareilles gens, le musulman l'avait reconnu et haïssait le Bulgare du fond du cœur. Il le méprisait en même temps, le trouvant moins digne, moins sincère, moins juste et moins brave que lui. Parfois sa haine s'exhalait en coups ; et alors on le soumettait au bambou. Plus d'un Turc a été battu pour avoir malmené un Bulgare, bien que les admirateurs de celui-ci oublient ces rigueurs. La vérité est que les autorités ottomanes faisaient de leur mieux pour contenter les chrétiens. Elles rendaient la justice le plus équitablement qu'elles pouvaient, elles empêchaient les races rivales de se prendre à la gorge ; si le feu a été mis aux poudres, la faute n'en est pas à elles, mais aux détestables agents qui circulaient partout, la torche à la main. Le jour où l'Angleterre permettra aux Indiens de traiter ses officiers comme les chrétiens de la Bulgarie traitaient les délégués du Sultan, elle verra ce qu'il en coûte de

faire du bien à un peuple auquel on a appris à
regarder l'indulgence comme un signe de faiblesse.

II

LES AGENTS

LES FEMMES.

Toutes les capitales du monde civilisé ont l'honneur de compter parmi leurs habitants une grande
dame russe de haute lignée, qui aide à donner
le ton au monde fashionable et qui excelle dans
l'art de se faire des amis. Elle n'est pas ambas-
sadrice ; mais on la rencontre à toutes les réceptions de l'ambassade. Elle a près de quarante ans
et elle n'est pas toujours jolie ; mais elle a le don
de séduire et de plaire, et elle parle à la perfection la langue du pays où elle réside. Son mari
habite la Russie. On ne sait rien de lui, hormis
que c'est un personnage ayant le rang de général. Mais c'est un mari en due forme, quoiqu'il
ne se montre pas gênant ; et, dans les occa-

sions solennelles, sa femme porte une étoile, avec un nœud en diamants sur l'épaule, ce qui prouve qu'elle est, à la fois, membre de l'Ordre impérial, réservé au sexe féminin, et dame d'atours de Sa Majesté l'impératrice.

Que cette noble dame soit chargée d'une mission comme agent russe, personne n'en doute ; mais ce soupçon ne l'empêche pas d'avoir de l'influence et du prestige auprès de ses relations, et, au surplus, le rôle qu'elle joue n'exigeant que le tact et la pénétration communs à toutes les personnes distinguées, elle le remplit le plus naturellement du monde, sans se rendre gênante par une mise en scène particulière ou par des dehors mystérieux. La princesse, comme on l'appelle, a de l'argent, va partout et se fait vite aimer de quiconque l'approche. Elle ouvre ses salons à un petit cercle choisi, parle politique et convient, la première, qu'un de ses grands désirs est de dissiper les malentendus et les préjugés qui ont cours à l'endroit de son pays, pour aider au rapprochement de deux grandes nations faites pour s'apprécier et pour s'entendre. Comment lui en vouloir de cette franchise? Comment ne pas trouver que les sentiments de patriotisme et d'humanité qu'elle invoque, justifient le but

qu'elle s'est donné et qu'elle avoue avec tant de
sincérité? Ses amis hausseraient les épaules si on
venait leur dire que son zèle est rétribué. Peut-
être ont-ils raison, du reste. L'argent qu'elle dépense si largement peut bien lui venir de sa famille; de même que les longues lettres où elle
relate les faits politiques et sociaux dont elle est
le témoin peuvent être adressées à son mari.
Dans tous les cas, elle apporte à son œuvre la
passion d'un véritable diplomate. Sa vanité fé-
mine, ses intérêts privés, peut-être ses affections
secrètes, sont engagés dans la cause qu'elle
sert; et il serait aussi injuste de lui appliquer
une épithète malsonnante que de mépriser le
vieux plénipotentiaire qui la dépasse en ruse,
sans avoir comme elle l'excuse de l'illusion.

Le jeu de l'agent féminin est toujours le même.
Si le gouvernement du pays qu'elle habite est
dans de bons rapports avec le sien, la princesse
devient l'intermédiaire de toutes les politesses non
officielles qui s'échangent entre les deux cours.
Elle aide à négocier un mariage, ou à préparer
les visites de personnages augustes. Elle apaise les
petits conflits d'amour-propre qu'a fait naître
tel ou tel oubli des lois de l'étiquette; elle obtient le déplacement d'un ambassadeur désagréa-

ble; elle transmet ces assurances secrètes, qui sont la base occulte de tout traité; elle procure des décorations et des nominations de colonel dans les régiments russes; elle porte des lettres pour les souverains qui jugent imprudent de correspondre par la poste ou par l'intermédiaire des légations; enfin, sa petite main ne dédaigne pas, à l'occasion, de se mêler activement aux préliminaires d'un emprunt.

Mais ces occupations sont, relativement, banales; et la princesse est beaucoup plus à son affaire lorsqu'elle a à lutter contre la politique d'un gouvernement hostile à ses projets, ou à organiser des cabales dans les rangs de l'opposition, comme le fit la princesse Lieven aux dépens du duc de Wellington. Des hommes d'État qui visent à supplanter un rival ne sont pas toujours scrupuleux dans le choix des moyens. D'autres, qu'on vient de renverser, s'abandonnent volontiers à des accès de sentimentalisme, au cours desquels c'est un jeu pour une femme de leur souffler un nouveau cri de guerre. L'homme politique ambitieux, sans scrupule et sentimental est une proie facile pour les agents russes. Nombre d'autres pleureurs se rangeront derrière lui; les mécontents, les ignorants, les dissidents de l'Église officielle, se grouperont à sa suite, autour de l'étendard de la Sainte Russie. La princesse triomphe ; sa parole est acceptée comme l'Évangile. Le politicien sentimental est guéri des anciennes défiances que lui inspirait l'ambition moscovite. Même, il est si confus d'y avoir jamais cédé, que lui et ses partisans se moquent, à qui mieux mieux, de ceux qui sont encore les dupes de cette folie. La princesse rit de son côté, mais dans sa manche [1].

L'agent russe en jupons n'a pas besoin de répandre beaucoup d'or autour de sa personne. La crédulité, la faiblesse et la vanité humaines suffisent à lui donner de nombreux alliés. Sur le continent, elle a toujours à ses ordres une troupe d'écrivains dont elle prend soin de faire orner les boutonnières, pour reconnaître leur dévouement. Mais ils ne la servent pas uniquement pour les décorations dont elle dispose. Ils croient en elle, et ils font cas de son amitié. A Paris et à Vienne, elle donne de grandes soirées où les aventuriers de la presse regardent comme un honneur d'être admis ; où d'autres, moins accessibles à ce genre d'orgueil, sont néan-

---

(1) Il y a évidemment, dans ce passage, une allusion critique à l'attitude russophile du parti Gladstone.

(Note du traducteur.)

moins amenés par l'espoir d'aider à l'établissement d'une alliance russe, qui séduit leur esprit enclin à admirer tous les gouvernements despotiques. De Maistre et son culte pour « l'autocratie du Nord » ont fait école. Tous les gens qui méprisent la vile populace, les parlements, les journaux, et autres innovations modernes, éprouvent comme une consolation à porter leurs regards vers un pays où le libéralisme et ses œuvres n'ont pas encore pénétré. Les légitimistes en France, les féodaux en Autriche et en Allemagne, sont toujours des amis de l'agent russe. La princesse n'a pas de meilleurs auxiliaires ; si elle ne parvient pas à les pousser au pouvoir, elle en tire des renseignements qui l'aident à entraver les plans des libéraux.

On peut poser en règle générale que tous les partis progressistes sont antirusses, surtout en France et en Allemagne. Sous le règne de Louis-Philippe, la princesse Lieven, ayant quitté l'Angleterre, devint l'Égérie de M. Guizot et prit une part active aux événements qui renversèrent M. Thiers en 1840, pour laisser le pouvoir, pendant plus de sept années, aux mains de son rival conservateur. Peut-être fût-ce le souvenir de cette circonstance de sa vie qui inspira à M. Thiers

une réserve particulière envers les Russes, après
la guerre franco-allemande. L'ambassadeur du
Tzar, le prince Orloff, et l'engageante princesse
Lise Troubetskoï, furent, il est vrai, ses hôtes
assidus. Mais l'ancien président de la République
française était un personnage trop habile et trop
fin pour que l'on pût le prendre avec du menu
fretin; et ses amis russes durent être passablement confus en apprenant, après sa mort, qu'il
était loin de partager leurs vues sur la question
d'Orient et qu'il l'eût fait savoir à l'Europe, s'il
était revenu au pouvoir. Pour une fois, les agents
du Tzar étaient tombés sur un homme d'État peu
susceptible d'accès de sentimentalité.

CHAPITRE HUITIÈME

LA DIPLOMATIE

I

LES DIPLOMATES

Les diplomates russes jouissent, depuis long-temps, de la réputation qu'Épiménide fit aux Crétois : Κρῆτες ἀεὶ ψεῦσται (1) ; mais il y a lieu de considérer que, s'ils s'étaient montrés moins empressés à croire avec Talleyrand que « la parole fut donnée à l'homme pour déguiser sa pensée », leur pays ne serait pas dans son état actuel. La Russie s'est agrandie en trompant les autres nations; et l'expression « nation » est ici le mot propre, car ce sont seulement les masses qui ont été trompées. Jamais les hommes d'État n'ont cru à la bonne foi moscovite.

(1) « Les Crétois, toujours trompeurs ! »

Quand un homme d'État a des soupçons que son pays ne partage pas, sa perspicacité est inutile. Aussi, le but constant des diplomates russes a-t-il été de s'emparer de l'esprit des peuples beaucoup plus que de celui des gouvernants.

Tant mieux, s'ils parvenaient à gagner les bonnes grâces d'un homme politique; ils tâchaient qu'en ce qui les concernait, il n'eût pas lieu de le regretter. Mais dans les pays constitutionnels, leur objectif a toujours été le parlement; pendant que dans les États où la voix populaire compte pour peu, leurs efforts se concentraient sur la cour.

Les représentants du Tzar à l'étranger sont, le plus souvent, d'habiles gens, ayant appris et pratiqué la dissimulation et l'intrigue, à Pétersbourg, dans toutes ces cabales de boudoir qui jouent un si grand rôle dans la politique intérieure de l'empire. Lorsqu'un Russe obtient une ambassade, cela ne signifie pas simplement qu'il est dans les petits papiers du prince Gortschakoff; cela veut dire, surtout, qu'il a derrière lui un parti puissant et qu'il laisse, dans la capitale, un nombre imposant d'amis, de l'un et l'autre sexe, qui chanteront ses louanges à tout propos. S'il tombe en disgrâce, c'est parce que le groupe auquel il appartient a cessé d'être puissant; mais, aussi longtemps qu'il conserve ses fonctions, il jouit d'une indépendance inconnue des diplomates des autres pays. Il a encore sur ceux-ci deux avantages : d'abord, il a à son service tous les fonds secrets dont il a besoin; ensuite, il est absolument irresponsable, vis-à-vis de l'opinion publique. Le mensonge, qui compromettrait à tout jamais un plénipotentiaire anglais, si on parvenait à le prouver, est regardé, en Russie, comme chose naturelle, et passe inaperçu. La majorité du public l'ignore; le reste professe que la duplicité est l'âme de la science de la vie. Quant aux étrangers à qui le mensonge a été fait, ils peuvent se consoler en songeant qu'ils n'y avaient jamais cru; ou, s'ils ont vraiment été dupes, ils jugent prudent de ne pas se plaindre, de peur de faire rire à leurs dépens.

L'importance des diverses ambassades varie selon les circonstances, et une capitale peut parfois avoir besoin d'un diplomate plus habile qu'un autre. Cependant, la Russie déplace rarement ses représentants; chacun de ceux-ci étant regardé comme spécialement approprié au pays près duquel il est accrédité. Le baron Brunow, qui fut pendant longtemps ambassadeur à Londres, n'eût pas réussi à Paris, où ses manières

froides et son calme hautain auraient été pris
pour de l'arrogance. C'était, pourtant, un homme
d'habitudes simples, qui ne se montrait jamais
plus à son avantage que lorsqu'il causait d'a-
griculture et de chevaux avec un lord. Il parlait l'anglais couramment ; il aimait les livres, la
cuisine et les usages anglais. Il savait faire un
speech après dîner, et découvrir le gagnant parmi
les chevaux du derby ; peu d'hommes devinaient
aussi bien les futures célébrités du parlement.
Mais il commit deux fautes capitales dans sa carrière : la première, lorsqu'il crut que l'Angleterre
avait renoncé, pour toujours, à faire la guerre, ce
qui amena l'expédition de Crimée ; la seconde,
lorsqu'il se figura qu'en excitant sa jalousie aux
dépens de la France, il pourrait entraîner la
Grande-Bretagne à se joindre à la Russie et
à l'Autriche, en vue du partage de la Turquie.
Une Angleterre *tory,* alliée à la Russie contre la
France qu'il détestait, était le rêve constant du
baron Brunow.

Son successeur, le comte Schouvaloff, a moins
d'illusions et moins de sympathie aussi pour les
choses anglaises, quoiqu'il ait des manières qui
plaisent généralement de l'autre côté de la
Manche. Ancien général de cavalerie et ancien

14.

ministre de la police, il a une imperturbable
urbanité ; et il excelle dans l'art d'écouter, en
ayant l'air de partager les opinions de son interlocuteur. Suffisamment poli avec les petites gens
dont il n'a rien à attendre ; aimable quand son
intérêt le veut ; persuasif lorsqu'il a des « assurances » à donner, il est peut-être, de tous les diplomates, le plus apte à endoctriner les politiques à courte vue.

Le prince Orloff, ambassadeur à Paris, est un
type différent. Français jusqu'au bout des ongles,
il dit ce qu'il pense, quand il déclare que la France
est le pays du monde qu'il affectionne le plus.
Homme d'État sentimental, il a versé des larmes,
en public, aux funérailles de M. Thiers ; ami des
beaux-arts, il accueille avec empressement les
écrivains et les artistes ; sceptique, il assiste fré-
quemment aux débats de Versailles et paraît radieux quand les républicains attaquent, en sa
présence, la monarchie ou le cléricalisme. Le
prince Orloff est aimé pour lui-même plus que
pour son pays. Ses efforts pour rapprocher la
France de la Russie ont échoué ; et M. Thiers
lui-même, qu'il appelait « son cher maître », n'a-
vait pas oublié qu'en 1870 le gouvernement de
Pétersbourg s'était rangé du côté de l'Allemagne.

Le prince d'Oubril, ambassadeur russe à Berlin, a l'air si raide et si prussien qu'on le dirait détaché d'un album de costumes militaires. Lui et son premier secrétaire, le comte von Kotzebue, sont les deux principaux facteurs dans l'alliance de famille entre les Romanoff et les Hohenzollern. Leur mission semble être de persuader à l'empereur Guillaume que la cour de Russie n'aime que ce qui est allemand. Le prince d'Oubril ne manque jamais une revue ni une réception militaire. Lieutenant-colonel dans un régiment prussien, il en porte l'uniforme, de préférence au sien. Il parle allemand à ses attachés et à ses domestiques; donne des dîners, à l'occasion de tous les anniversaires prussiens, et pavoise son hôtel, chaque fois que la famille impériale célèbre la fête d'un de ses membres. Il serait, d'ailleurs, difficile de dire si M. de Bismark goûte ce Russe si prussien ; mais l'influence du prince d'Oubril s'exerce par d'autres intermédiaires que le chancelier. C'est moins un ambassadeur qu'un confident, agissant pour le compte de deux familles régnantes dont l'amitié réciproque est indépendante de toute considération politique. Il dîne avec l'empereur Guillaume, en petit comité ; aux réceptions officielles, on le voit causer avec Sa Majesté, pendant des demi-heures entières. Son autorité a Saint-Petersbourg est si bien établie qu'elle l'emporte même sur celle du comte de Novikoff, qui est ambassadeur à Vienne, et qui a eu à jouer, dans les dernières années, un rôle très-difficile.

Les Hapsbourg eurent, autrefois, de meilleures relations que les Hohenzollern avec la famille impériale de Russie ; mais la guerre de Crimée a troublé cet accord, et, depuis Sadowa, l'empereur François-Joseph a eu, plus d'une fois, l'occasion de reconnaître que les démonstrations amicales, échangées entre Guillaume et Alexandre, n'avaient rien de plaisant pour lui. M. de Novikoff, qui passe pour prussophobe ou qui du moins affecte de l'être, a certainement passé une bonne partie de son temps à expliquer au comte Andrassy que l'alliance prusso-russe n'est que superficielle, et qu'Alexandre II reverrait, avec plaisir, les jours où le buste en marbre de François-Joseph était le seul ornement de la bibliothèque de Nicolas. Mais il reste à savoir si le noble Hongrois qui vit son pays envahi par les Russes en 1848 et qui fut lui-même menacé d'être pendu comme rebelle, se laissera convertir par ces explications.

Le côté singulier de la diplomatie russe est que ses représentants semblent tous poursuivre des

objectifs différents ; en sorte que, si un homme
d'État incline à croire ce qu'un ambassadeur
vient de lui dire, il apprend aussitôt qu'un autre,
accrédité dans un pays voisin, a déclaré le contraire, avec les mêmes protestations de sincérité.
C'était probablement de cette façon que les Crétois entendaient les affaires, au temps où ils
avaient des ambassades.

II

LE CHANCELIER DE L'EMPIRE

Le prince Gortschakoff est un des hommes les
plus agréables de son pays. Les gens qui l'aiment
le moins en conviennent ; et il est peu de personnes, ayant eu avec lui des rapports suivis, qui
n'aient gardé un bon souvenir de ses qualités
privées. Mais il est surtout apprécié par ceux de
ses subordonnés qui ont servi constamment sous
ses ordres. Né en 1798, il est premier ministre
depuis 1856.

Très-riche, comblé de dignités et d'honneurs,
véritable souverain de l'empire, il jouit d'une au-

torité sans limites; et il ne faudrait rien moins qu'un grand désastre national, pour ébranler sa situation. Le chancelier russe a commis peu de fautes; son prestige ne s'est pas usé en discours, comme celui d'autres hommes d'État dans les pays constitutionnels; il a poursuivi, avec tant de fermeté, la politique d'annexion et d'agrandissement que, s'il venait à échouer, on le plaindrait d'avoir été mal secondé, plutôt qu'on ne condamnerait sa patriotique ambition.

Ministre sous un régime parlementaire, le prince Gortschakoff eût eu moins de succès. Les qualités qui le distinguent à la table d'un conseil, dans les salons, et dans les entretiens privés avec les représentants des puissances, eussent été sans effet sur des assemblées populaires. Il n'a ni la brusquerie oratoire de Bismark, ni l'esprit de repartie du comte Andrassy. Il parle lentement, écrit majestueusement, et donne de « hautes raisons » pour tout ce qu'il fait ou conseille. Son air sincère, ses promesses rassurantes, dites sur le ton solennel d'un grand seigneur, l'aspect très-digne de sa personne, s'imposent à tous ceux qui l'approchent. On croit qu'il va recourir aux arguments les plus cyniques, pour expliquer tel acte de politique tortueuse dont on est venu se plain-

dre à lui ; on se retire pénétré d'une sorte de respect pour la sagesse et pour la vérité dont son langage porte l'empreinte. Sa force est la patience ;
son talent consiste à saisir l'occasion, dès qu'elle
surgit ; et cette occasion s'offre toujours, grâce à
la candeur des étrangers qui croient en lui. S'il
eût eté forcé d'exposer son programme devant
des parlements, de le modifier au gré des exigen-
ces des partis, de tenir compte des critiques de
la presse, il ne fût arrivé à rien. Ses grands airs,
ses grandes phrases auraient été percés à jour au
bout de quelques séances ; et sa nature eût d'autant plus souffert de cette mise à nu, qu'il n'a pas
le sentiment de l'*humour*.

Gortschakoff est un homme d'État monté sur
des échasses. Il voit par-dessus les têtes des autres hommes, parce qu'il n'a jamais été forcé de se
baisser et de les traiter en égaux. Il a l'assurance
naturelle à celui qui s'est joué constamment de
ses semblables, et qui a vu réussir tous les plans
qu'il a basés sur la crédulité humaine. Plus d'un
ministre dont l'habileté et la finesse se sont
émoussées dans les luttes de tribune, eût fait de
plus grandes choses que le prince Gortschakoff,
s'il avait joui des chances et des conditions exceptionnelles qu'a rencontrées celui-ci. Mais le prince

n'eut jamais l'ambition de faire de grandes choses. Il s'est donné pour tâche, non de guider son
pays dans les voies de la civilisation, mais de l'en
tenir écarté. Le patriotisme, tel qu'il l'entend, n'a
rien de commun avec le sentiment qui pousse un
homme d'État à aider au développement maté-
riel et moral de ses concitoyens.

Le prince est un conservateur impérialiste, qui
regarde tout au point de vue de la caste à laquelle il appartient, et qui n'a cherché à servir
que les intérêts de cette caste. S'il voulait réduire
son programme en formule, il dirait : « Le sort
du *boyard* russe est, à tout prendre, enviable ;
mais personne ne sait combien cela durera. Il
souffle sur l'Europe un vent démocratique qui
peut emporter un jour ou l'autre notre cour,
notre *Tschinn*, nos priviléges et nos droits. Mais
ce n'est pas une raison pour que nous aidions
ce mauvais vent à venir jusqu'à nous. Nous
devons, au contraire, nous en garer le plus
longtemps que nous pourrons ; et, lorsqu'il écla-
tera, nous tâcherons qu'il nous fasse le moins
de mal possible. » Le prince Gortschakoff n'est
pas un ignorant ou un aveugle : c'est parce
qu'il voit clairement les courants populaires,
qu'il s'efforce de les diriger et de les détour-

ner de leur but. Peu d'hommes se sont donné
plus de peine, pour arrêter les progrès d'une nation ; seulement, il n'avoue pas que tel soit son
objectif, et il se garde d'imiter ces légitimistes
français qu'on entend perpétuellement maudire
tout haut le progrès et la liberté.

Il admirait lord Palmerston et M. Thiers; il
aime tous les hommes politiques qui ont réussi
à gouverner les peuples sans faire beaucoup
pour eux. Entre un Tzar qui rêvait de réformes
et une noblesse qui ne songeait qu'à entraver les
plans de son souverain, son rôle était difficile ; il
l'a joué habilement. Dans la question d'émancipation, il soutint l'Empereur sans l'aider ; une
fois cette grande mesure décidée, il fut le plus
énergique parmi les innombrables conseillers qui
trouvèrent de « hautes raisons morales » à invo-
quer pour empêcher toute autre innovation. Le
Tzar vit en lui un serviteur dont tous les actes
s'inspiraient d'un attachement sincère à la Couronne, et les *tschinnovnicks* reconnurent qu'il était
pour eux un allié résolu à défendre leurs priviléges. Il se peut que Gortschakoff ait sauvé le trône
de son maître ; car s'il se fût lancé, à sa suite, dans
la voie des changements, tous deux eussent pu
être emportés par le *Tschinn*, et s'il eût, d'autre

15

part, résisté trop ouvertement à la volonté impériale, il eût pu être contraint de céder sa place à un ministre plus souple, sous le règne duquel une catastrophe quelconque aurait surgi.

Peut-être, d'ailleurs, cette catastrophe se fût-elle produite au préjudice du *Tschinn*. Avec un autre ministre, le Tzar eût pu dominer l'opposition des *boyards*, briser leur pouvoir et faire de la Russie un pays tout différent de ce qu'elle est. Personne ne peut dire, en effet, comment une lutte entre l'Empereur et la noblesse aurait fini ; mais on doit remarquer que tous les *tschinnovicks* croient acquitter une dette de reconnaissance, en soutenant la politique du prince Gortschakoff.

A l'intérieur, cette politique a été simple. Elle s'est réduite à n'accorder au peuple que l'indispensable, et à lui faire croire qu'on lui donnait beaucoup. Les Russes, qui réclamaient une réforme judiciaire, obtinrent les jurys qui devinrent une source de corruption nouvelle, mais qui satisfirent la vanité nationale en lui permettant de s'imaginer que la Russie était, maintenant, au niveau des autres pays. Ceux qui revendiquaient la liberté commerciale et religieuse obtinrent une réforme des corporations et une façon de tolérance qui aboutirent à ameuter, l'une contre l'autre, toutes les associations et toutes les sectes. Ceux qui voulaient des parlements eurent des franchises municipales et des assemblées nobiliaires qui permirent aux amateurs de discours d'en prononcer à leur aise, sans troubler les affaires de l'État. Tout cela, cependant, n'eût pas suffi à prévenir toute agitation au sein de l'immense et bouillonnante nation, si, dans sa politique extérieure, Gortschakoff n'eût visé à lui ménager des satisfactions continuelles, par des victoires diplomatiques et militaires.

La campagne de Crimée fut une humiliation cruelle pour le pays ; il fallut en effacer les traces, et on ne négligea rien pour y arriver. La répression de l'insurrection de Pologne fut représentée comme une victoire sur la France et sur l'Angleterre dont les sympathies étaient acquises aux révoltés ; les expéditions en Asie, la défaite de l'émir de Bokhand, la chute de Khiva, servirent à panser les blessures faites à l'orgueil moscovite par la prise de Sébastopol.

D'un bout à l'autre de l'empire, les journaux et les popes proclamèrent que ces victoires étaient autant de coups portés à la Grande-Bretagne. Le peuple se consola de sa misère et de l'oppression du *Tschinn*, en voyant ses enfants revenir de la guerre, la poitrine couverte d'étoiles et de médailles. Les classes commerçantes se réjouirent d'entrer en possession de nouveaux debouchés. La bonne société sourit d'aise, en comptant les échecs infligés par ses gouvernants à la diplomatie anglaise. De fait, la façon dont les hommes d'État du Royaume-Uni se sont laissé tromper par le chancelier de l'empire russe n'est pas propre à développer, dans ce dernier pays, le respect du parlementarisme.

La guerre contre la Turquie mettra le comble à la popularité du prince Gortschakoff, bien que les *tschinnovniks* soient les seuls destinés à profiter de « la délivrance des chrétiens opprimés ». C'est pour eux, uniquement pour eux, que cette expédition a été entreprise. Vaincu, le peuple russe eût gagné quelque chose à ses défaites ; vainqueur, il retombe, plus que jamais, sous le joug pesant qui l'accable et pour lequel il est justement réputé. Ainsi se réalisera le rêve de Gortschakoff, « de laisser la Russie telle qu'il l'avait trouvée », ce qui veut dire : un pays pauvre, sauf pour ses princes.

CHAPITRE NEUVIÈME

L'ARMÉE

I

ACADÉMIES MILITAIRES

Tout ce qui vaut quelque chose en Russie s'obtient par la faveur ; le mérite littéraire ou scientifique y compte pour rien, ou à peu près. En principe, les grades dans l'armée sont donnés après un examen, précédé d'une préparation de deux années dans une école militaire ; mais les jeunes gens bien apparentés reçoivent leur premier brevet à quinze ans, et se trouvent capitaines d'état-major à l'époque où un étudiant laborieux, mais sans appui, quitte l'école pour être promu sous-lieutenant. Le savoir n'étant pas une garantie d'avancement et les sujets sans protection parvenant rarement au delà du grade de capitaine, peu de jeunes gens prennent la peine de travailler. Quiconque a été fait cadet est sûr de recevoir sa nomination d'officier ; l'examen à subir n'est qu'une frime. Les positions subalternes sont si peu considérées en Russie qu'on y admet des officiers allemands et autrichiens, cassés ou licenciés dans leurs pays, et des aventuriers des provinces Danubiennes. On les donne, par charité, à des malheureux qui n'ont jamais passé par les académies militaires ; on les impose, comme punition, à d'autres qui ont besoin d'être matés. Un coup d'œil suffit à distinguer un subalterne ordinaire d'un véritable officier. Ses vêtements, ses manières, son langage et sa physionomie trahissent l'homme d'origine modeste. Il sait tout juste lire et écrire, peut-être quelques mots d'allemand ; en général, il ne connaît que sa langue, et il a de la peine à comprendre son colonel, qui affecte de ne parler que le français, et le major qui, en sa qualité de Teuton, dit, à peine, quelques mots de russe. Les majors, qui forment le trait d'union entre les officiers supérieurs et les subalternes et sur lesquels repose la plus lourde partie de la besogne régimentaire, sont presque tous allemands ; de même, les professeurs des écoles militaires. Les premiers se recrutent parmi les « fruits secs » des académies allemandes ; les seconds, parmi les étudiants des universités de Bonn ou d'Heidelberg, qui ont passé leur temps à boire de la bière.

Malgré leur insuffisance, ce sont des géants d'intelligence et de savoir auprès des Russes ; et ils ne se gênent pas pour le faire sentir à leurs subordonnés ou à leurs élèves. Rien n'est drôle comme de voir un de ces personnages, en face d'une bande d'écoliers qui le regardent, bouche béante, sans le comprendre. Leur bêtise le confond ; il s'irrite ; il s'emporte ; il les traite de « *schafskopfen* » et de « *dummerjungen* ». Il se fait apporter leurs cahiers et, n'y trouvant rien qui vaille, il leur demande comment ils peuvent prétendre à conduire un jour des armées.

Aux examens, il prend sa mission au sérieux, et propose froidement de refuser tous les candidats, pour faire un grand exemple. Mais le gouverneur hausse les épaules et les reçoit tous ; si bien qu'après un certain temps, l'Allemand, constatant l'inutilité de son zèle, renonce à ses idées de réforme et revient, pour se consoler, à sa pipe et au kwass.

Ces professeurs allemands ont un mérite : ils ne boivent pas de *vodki*. Le *kwass* est moins fort que leur bière, et ils peuvent en absorber des quantités considérables sans que leur calme naturel en soit troublé. Souvent, ayant de nombreux loisirs, ils donnent des leçons particulières : c'est une façon de s'enrichir. Il y a toujours, dans chaque académie, un petit groupe de travailleurs. Les uns sont des jeunes gens qui ont été bien élevés chez eux et qui ont appris à faire cas de la science ; d'autres sont de pauvres diables qui pâlissent sur leurs livres, par amour de la chose.

Les premiers sont certains de tirer parti de leurs connaissances, un jour venant ; les seconds vont grossir, dans l'armée, les rangs des mécontents sans fortune. Riches et pauvres, du moment qu'ils travaillent, tournent fatalement au nihilisme ; car la philosophie que les maîtres allemands leur enseignent sous la rose, est entachée du plus grossier matérialisme. Elle détruit toutes les illusions de la jeunesse. Elle éteint toutes les impulsions généreuses qui rattachent aux traditions du passé, et inspirent la foi dans l'avenir ; c'est une philosophie sceptique, gouailleuse, égoïste et sensuelle, qui arrête le développement intellectuel, en même temps qu'elle abaisse le caractère. Les anciens étudiants des universités anglaises, une fois devenus hommes, aiment à reporter leur pensée vers

ces heures d'autrefois, où leurs maîtres cher-
chaient à les enthousiasmer pour le beau et le
bien. En fait de souvenirs de ce genre, les
Russes n'ont que celui du lourd Germain, puant
la pipe, qui s'ingéniait à dissiper les rêves de leur
enfance. Le jeune Moscovite est dressé à regarder le monde comme un champ de bataille
où il s'agit de vaincre, par n'importe quel
moyen; où les principes sont de pures conven-
tions, qu'il faut avoir l'air de respecter et s'em-
presser de violer dès qu'on y trouve un intérêt;
où, enfin, le mensonge et la ruse sont les deux
cartes maîtresses, avec lesquelles on gagne toutes
les parties. Tout cela, venant se greffer sur la
religiosité dont l'enfant a gardé l'empreinte en
grandissant, forme un singulier amalgame. Car
jamais les Russes ne cessent complétement de
croire aux génuflexions et aux amulettes. Quelque âge qu'ils prennent, ils restent superstitieux,
tout en affectant d'être sceptiques. Ils nient
l'existence d'un Dieu et ils en admettent dix,
plus exigeants et plus gênants que celui qu'ils
ont renié; qui pèsent sur tous leurs actes, presque sur tous leurs gestes. Ils n'osent pas porter
une opale; ils pâlissent à la vue d'un pain tourné
sens dessus dessous; ils ont sur eux un médail-

lon contenant une relique quelconque ; ils sont inquiets, durant des jours, s'il leur est arrivé d'apercevoir la nouvelle lune par-dessus leur épaule gauche.

La vie des étudiants dans les universités civiles tient à la fois de celle de leurs camarades français et allemands. Il n'y a qu'à Moscou et à Kiev que le système anglais de prendre ses repas dans l'intérieur de l'établissement soit adopté. Le local est une sorte de grande caserne ; chaque étudiant a sa chambre, vit comme il l'entend, soit seul, soit réuni avec quelques condisciples, à une table commune. Il n'y a pas de réfectoire, sauf pour les étudiants en théologie, lesquels portent des robes noires et sont astreints à une règle semi-monastique. Les autres jeunes gens portent des uniformes, avec des revers qui varient selon la carrière à laquelle ils se destinent : gris et vert pour les étudiants en médecine ; noir et bleu pour les futurs avocats ; rouge et noir pour ceux qui entreront dans l'armée. Ces derniers ont en outre l'épée. L'université la plus aristocratique est celle de Saint-Pétersbourg, où viennent tous les membres de la famille impériale et les enfants des courtisans, même lorsqu'ils ne doivent pas subir d'examens. Les

chaires de langues vivantes et de latin y sont oc-
cupées par des hommes éminents; mais Moscou
a plus de réputation pour la médecine et pour le
droit ; Kiev, pour la théologie et l'histoire ;
Odessa, pour le grec et les mathématiques. L'u-
niversité d'Odessa est aussi la plus libérale ; elle
a été, pendant longtemps, le refuge des Polonais. Une loi limite aujourd'hui le nombre des
jeunes gens de cette nation qui peuvent y être
reçus ; quand la liste est complète, on invite les
postulants à aller étudier ailleurs.

La discipline des universités est très-large, au
point de vue de la morale ; les étudiants n'ont
pas à rendre compte de l'emploi de leur temps et
peuvent rentrer à l'heure qu'ils veulent. D'autre
part, comme ils sont très-enclins à former secrètement des associations politiques, soit pour deviser
aux dépens du gouvernement, soit même, plus
simplement, pour se procurer des livres défendus, il n'est pas rare d'entendre dire qu'un
groupe de ces jeunes gens a été transféré, par
ordre du Tzar, d'une université à l'autre. Ces dé-
placements se font aux frais des familles ou aux
frais de l'État, suivant la situation de fortune
des délinquants. Dans tous les cas, « l'étudiant
transféré » demeure soumis à une surveillance

constante, jusqu'à sa sortie de l'école. Il est obligé de vivre dans un logement qui lui est assigné ; il lui est défendu de recevoir la visite de ceux de ses camarades qui sont l'objet des mêmes mesures ; il est privé d'aller chez lui, pendant les vacances. Quelquefois le gouvernement interdit au coupable l'accès de la carrière qu'il avait choisie, et l'envoie, avec un grade inférieur, dans un des régiments de la Sibérie ou du Caucase.

De pareils exemples devraient donner à réfléchir, d'autant mieux que ces complots d'étudiants, tout fréquents qu'ils sont, n'aboutissent jamais à rien. Mais les Russes ont une tendance à se figurer qu'ils pourront déjouer les poursuites ; et les conspirations se succèdent, quoi qu'on fasse pour les empêcher. Il est juste de dire que beaucoup de ces prétendus conjurés ne visent qu'à acheter des revues anglaises ou françaises, prohibées par la censure ; et qu'ils sont punis aussi sévèrement quand on trouve entre leurs mains les brochures socialistes imprimées à Genève, que lorsqu'on les surprend lisant un journal de Londres tombé en suspicion... comme la *Pall Mall Gazette* par exemple.

II

LA VIE D'UN RÉGIMENT

Dans plusieurs des villages qu'on rencontre aux environs d'Odessa, des détachements de hussards tenaient garnison avant la guerre ; car c'est l'habitude, en Russie, d'éparpiller la cavalerie dans les campagnes, pour qu'elle puisse se procurer facilement des fourrages. La caserne de la ville sert de dépôt ; c'est là que le major exerce les recrues qu'on lui envoie. Cet officier, qu'on désignera ici sous le nom de Strengmann, est à moitié allemand, pauvre, travailleur, bon soldat ; mais condamné, pourtant, à végéter dans son grade. Un militaire ne compte pas, dans le monde russe, avant d'être lieutenant-colonel ; les fils des *tschinnovnicks* de haute volée demeurent dans les états-majors, jusqu'à ce qu'ils aient franchi les positions subalternes, et atteint le rang qui sied à leur naissance. Le colonel de Strengmann, le prince Topoff, a juste vingt-huit ans ; le lieutenant-colonel, prince Tripoff, n'en a que vingt-six. Tous deux mènent grand train à Odessa, et parlent au major avec une politesse dédaigneuse et hautaine. Quand Strengmann vient leur faire son rapport, il les trouve couchés, en train de se remettre d'une nuit de baccarat passée au cercle de la noblesse. Ils le laissent debout tandis qu'il parle, signent, sans rien dire, les pièces qu'il leur tend et le congédient d'un signe de tête. Les jours de revue, les deux princes paradent à la tête de leur régiment; mais ces occasions exceptées, on ne les voit jamais à la caserne, en sorte que toute la besogne retombe sur Strengmann, sauf la partie financière, que le prince Topoff administre, avec son intendant, comme tous les colonels russes. Quand la guerre éclata, Tripoff et Topoff furent glaner des lauriers sur le théâtre de l'action; le major resta derrière.

Il est heureux, du reste, que ces deux personnages ne soient pas demeurés au dépôt, car il est fort douteux qu'ils eussent réussi aussi bien que leur subordonné à coordonner les éléments polyglottes dont se compose un régiment russe. En règle générale, les recrues du nord sont envoyées dans le sud, et *vice versâ:* c'est une question de politique. Les soldats sont classés d'après leur taille et leur physique, avec un soin si scrupuleux qu'on raconte que, sous Nicolas, il y avait un régiment de hussards formé d'hommes bruns marqués de la petite vérole, et un autre de blonds, tatoués semblablement. Ces heureux accouplements sont un peu moins recherchés depuis quelque temps; mais on persiste, en revanche, à réunir, dans le même corps, des hommes parlant vingt dialectes différents, pour diminuer les chances de rébellion. Strengmann sait quelques mots de chacun des patois parlés par ses soldats; lorsque les expressions lui font défaut, il y supplée avec la canne, qu'il tient toujours derrière son dos. Il ne devrait pas frapper, cependant; mais il le fait, sans se gêner, ayant reconnu que les coups sont le seul langage compris de tout son monde. Son adjudant, son capitaine, et son lieutenant ont fait, de leur côté, la même découverte; elle n'a pas échappé davantage aux caporaux et aux sergents, en sorte que, personne n'étant là pour s'opposer à cette façon d'entendre la discipline, chacun frappe à qui mieux mieux.

Un mot sur les coups en Russie. Un noble qui frappe un paysan ou un soldat est obligé de débourser une somme d'argent, s'il veut éviter un procès qui peut avoir pour lui des conséquences sérieuses. Depuis l'émancipation, en effet, un ukase a aboli le knout, le *rattan* et même les verges dans les écoles. La noblesse a été invitée à s'abstenir de maltraiter ses inférieurs ; et une infraction à cette règle, si elle est dénoncée par la victime, peut entraîner, pour le coupable, la perte de son rang dans le *Tschinn*, à la requête du maréchal de l'aristocratie du district. Mais les *mujicks* continuent à échanger des coups et à en recevoir. L'agent de police frappe le cocher ; celui-ci frappe l'hôtelier, qui frappe à son tour le mendiant ; et le mendiant frappe qui il peut. C'est là une habitude, et les battus n'ont pas de rancune.

Strengmann bat ses soldats froidement, et les soldats se contentent de crier, sans en vouloir à leur major. Voici un Livonien qui pleure dans la cour de la caserne, parce qu'on l'a enlevé de son village qu'il ne reverra pas avant une douzaine d'années. A quoi servirait de le mettre en prison, quand on est assuré que quelques coups de canne suffiront à le faire courir au bureau du sergent d'habillements, où il recevra un uniforme qui l'occupera le reste de la journée ? Voici encore une bande de soldats qui rentre ivre ; une autre que la police a prise, saccageant une boutique. Les reproches seraient inutiles et la mise en prison, si on l'érigeait en système, aurait bientôt fait de vider les casernes. La canne du major s'abat donc de nouveau ; et les soldats ne se plaignent pas.

Strengmann est loin d'être détesté de ses inférieurs ; il est bon pour eux, à sa manière : celle du maître avec de jeunes ours. Il sait que ses soldats doivent s'enivrer parce qu'ils n'ont pas autre chose à faire, et piller parce qu'ils n'ont souvent rien à manger. Les casernes sont sales, mal tenues, imprégnées d'une odeur infecte. Les hommes n'ont pas de lit ; ils dorment sur la planche, enveloppés dans leurs manteaux. Le *tchi*, servi deux fois par jour avec un morceau de bœuf de temps en temps, et une livre de pain noir, — mal cuit parce que le pain humide pèse plus que l'autre, et rapporte davantage au boulanger, — constituent tout l'ordinaire. Les jours de paye, le soldat est censé recevoir un ou deux kopecks ; mais la plupart d'entre eux ne touchent rien, leur solde étant retenue pour racheter les objets de fourniment qu'ils ont vendus pour boire, ou pour réparer les prétendus dégats qu'ils ont commis étant ivres. Comme il n'y en a pas un, sur cent, qui sache lire, aucun ne peut contrôler son livret de solde et la même paire de bottes pourra être payée une dizaine de fois, sans que l'intéressé s'en aperçoive. Quant au peu d'argent qui échappe à ce régime et à celui que le soldat gagne en travaillant, de ci, de là, pour les propriétaires des environs, il va droit à la cantine. Rien ne peut empêcher le soldat de trafiquer de ses bras, avec ou sans la permission de ses chefs. Parfois, au temps de la moisson, un régiment entier disparaît de la caserne et il faut le ramener à coups de fouet, comme une bande de chiens échappés. Le plus souvent, toutefois, le colonel ou son intendant traitent avec les agriculteurs des environs, pour la location d'un certain nombre d'hommes, et mettent dans leurs poches les deux tiers de la somme convenue. L'autre tiers va à la cantine pour revenir de là à l'intendant, auquel la cantine appartient. C'est le colonel qui habille, nourrit et paie son régiment; c'est lui également qui entretient la caserne, en sorte que le majordome du prince Topoff pourrait dire, mieux que personne, pourquoi les hussards d'Odessa sont si mal logés, si mal nourris. si mal chaussés et, en fin de compte, si mal payés.

A Pétersbourg, les choses se passent différemment. L'étranger qui visite la caserne des Gardes est même frappé du bon ordre qui y règne. Les chambrées sont remarquablement propres ; les fourniments des hommes, magnifiques ; la nour-

riture est saine, et la paie régulière. Mais le
Tzar visite souvent cette caserne, qui est celle de
son régiment favori, celle qu'on aime à faire voir
aux officiers des autres pays. Or, chaque fois que
l'Empereur manifeste l'intention d'inspecter un
régiment, celui-ci se transforme instantanément.
Lorsque Sa Majesté vint à Odessa, le colonel Topoff dépensa plusieurs milliers de francs pour
que ses hommes et leur logement éblouissent le
souverain. Pendant trois jours, les soldats eurent
des vêtements neufs, de bons dîners, de l'argent
dans leur poche, du *vodki* à boire et des couvertures propres pour s'étendre. Aussi accueillirent-
ils, avec un enthousiasme indescriptible, l'auguste
personnage dont la présence leur valait ces bonnes fortunes et dont le départ, hélas, ramena l'ancien état de choses.

Les sommes allouées pour l'entretien d'un régiment sont cependant bien suffisantes, si elles at-
teignaient leur destination. Mais une partie demeure dans les bureaux de la guerre ; une autre
s'égare entre les mains du général de division ; le
général de brigade commet une erreur du même
genre ; et finalement le colonel se dit qu'il serait
un sot, s'il ne prélevait pas sa commission sur le
reste. On devine qu'un exemple parti de si haut

est religieusement suivi par tous les officiers qui ont des fonds à manier. Le major Strengmann met de l'argent dans sa poche, parce qu'on ne le paie pas régulièrement ; le capitaine emboîte le pas ; le sergent-major fait comme le capitaine. Le docteur envoie une longue note de drogues et ordonne à ses malades du *vodki* qui les guérit d'ailleurs aussi bien. L'intendant s'approprie la somme destinée au nettoyage de l'égout. L'adjudant reçoit une commission des fournisseurs et accepte de la viande gâtée ou du blé avarié. S'il y a des réparations à faire dans la caserne, l'intendant en évalue le prix à dix pour cent au-dessus du chiffre réel ; le major ajoute dix autres pour cent ; le colonel autant, et ainsi de suite, jusqu'à ce que le devis arrive au ministère de la guerre. Là, les *tschinnovnicks* accordent les deux tiers de l'allocation demandée, tout en portant la totalité sur leurs livres, et l'argent repassant par les diverses mains, ci-dessus mentionnées, arrive à l'intendant, tellement réduit qu'il n'y a plus moyen d'entreprendre les travaux projetés. On se contente alors d'une réparation sommaire, si on n'y renonce pas tout à fait, quitte à apprendre, quelque temps plus tard, qu'un toit s'est effondré en tuant une cinquantaine d'hommes. Ceux qui se rappellent comment le

soldat anglais était volé, il n'y a pas plus de
quarante ans, alors que la presse avait déjà son
franc parler, peuvent apprécier s'il y a chance
de voir l'administration russe s'amender, sous
un gouvernement qui ferme la bouche aux journaux et qui est de trente ans en arrière sur l'Angleterre de 1830. Néanmoins, le soldat moscovite
supporte, sans se plaindre, son misérable sort. Il
l'accepte comme on s'incline devant un arrêt du
destin, et il se bat en héros, pour l'honneur et
pour le salut des gens qui l'exploitent.

III

UN GÉNÉRAL VICTORIEUX

Un des prédécesseurs du prince Topoff à la tête
des hussards d'Odessa fut le prince Falutinski,
actuellement général, célèbre par ses exploits
dans la campagne du Daghestan. C'est un bel
homme, de six pieds de haut, avec des favoris su-
perbes, qui n'a pas encore cinquante ans. Il a l'œil

doux, les manières affables ; il a rempli des missions diplomatiques ; il a été gouverneur d'une province ; il est conseiller privé, et il fut, pendant quelque temps, directeur général des théâtres impériaux, fonctions très-recherchées, qui sont loin d'être données au premier général venu.

A l'exception du Tzar, chacun a ses faiblesses ; peut-être le général avait-il celle d'être hableur. Ce n'était pas la suffisance lourde et solennelle de l'Allemand qui agace ; ni la vantardise du Français, qui amuse. C'était une façon toute russe de parler de soi et des autres, du ton convaincu et froid qui sied à la vérité. Il était impossible de causer avec lui, sans le quitter pénétré d'estime pour sa propre valeur, et pour la grandeur de son pays. Il avait l'extérieur grave ; il savait si bien démontrer que la Russie faisait preuve d'une admirable modération, en n'envoyant pas ses légions subjuguer tous les adversaires de sa politique philanthropique, que les écrivains et les hommes d'État qui l'écoutaient, tombaient sous le charme de sa parole, au point d'oublier les intérêts des pays qu'ils étaient payés pour servir.

La Russie se garde bien de faire intervenir les considérations de loyauté et de franchise dans le choix de ses représentants à l'étranger.

Falutinski avait cet air de dignité qui tient le vulgaire à distance ; cette grâce qui séduit les femmes ;
cette bonhomie qui attire les niais, à l'affût
de nouvelles pour leurs journaux ou pour la
Bourse. En outre, tout le monde savait qu'il était
le héros de la guerre du Daghestan ; un personnage trop haut placé dans l'estime de son maître
pour ne pas dédaigner de mériter sa faveur par
de mesquines intrigues ou de vaines finasseries.
Il avait conduit son armée victorieuse à travers
les plaines sablonneuses de l'Anketer, passé le
fleuve du Terck malgré un feu meurtrier et mis
en déroute les hordes sauvages du terrible khan
Bagallyon. Les correspondants de journaux s'é-
taient exprimés dans les termes les plus flatteurs,
sur son habileté et sur son énergie ; et les connaisseurs « impartiaux » contribuent tant, de nos
jours, à faire les réputations militaires, qu'il n'est
pas surprenant que Falutinski occupât un rang
aussi élevé dans l'estime d'autrui et dans la
sienne. Jamais, d'ailleurs, on ne l'avait vu se
livrer à l'étude de la stratégie, ses missions diplomatiques et théâtrales lui laissant peu de loisir ;
il n'était même pas certain qu'il eût lu les ouvrages traitant de sa profession, car il était colonel à vingt-cinq ans et n'avait guère fait jusque-

là, que conduire avec distinction les cotillons de
la cour. Mais un homme qui a le génie militaire n'a que faire d'études spéciales ; et quand
celui-ci se montrait à cheval, sur le square de
l'Amirauté de Pétersbourg, les jours de revue,
il était proclamé par tous le type idéal du guer-
rier.

La vérité, pourtant, est que l'expédition du
Daghestan fut un de ces jeux militaires que les
Russes recherchent d'autant plus que le public
n'y voit pas grand'chose. Quand cette croisade
philanthropique eut-elle lieu, et pourquoi le khan
Bagallyon encourut-il la colère de l'Empereur ?
Peu importe ; le fait est que ce prince avait besoin d'une leçon, et qu'on chargea le grand-duc
Rurick de la lui donner. Le grand-duc choisit
son ami Falutinski comme chef d'état-major ; et,
suivi d'une armée de trente mille hommes, flanquée de quelques correspondants qu'on avait
accueillis avec une grâce parfaite, il marcha vers
les rives de la mer Caspienne, où le khan le
battit à plate couture. Mais le monde ne sut rien
de cet échec. A la suite d'un dîner, sous la tente
du grand-duc, les journalistes furent priés de
n'en pas parler ; comme ils savaient tous que
leurs lettres passeraient par les mains du général

Falutinski, aucun d'eux n'eut de peine à promettre son silence. Le grand-duc put donc expédier à Saint-Pétersbourg un rapport détaillé de sa première bataille, en omettant de dire qu'il l'avait perdue ; si bien qu'un courrier de cabinet arriva, porteur de décorations et de compliments pour Son Altesse et pour son second, juste au moment où tous les deux venaient de se faire battre une nouvelle fois.

On reconnut alors que le grand-duc et son chef d'état-major étaient redevables de leur défaite à une erreur géographique. Au lieu de se trouver, comme ils l'avaient compté, abrités par des plis de terrain, ils avait débouché dans une plaine de sable où l'ennemi les avait facilement foudroyés. De nouveau, les correspondants de journaux furent invités à être patients ; puis, à la suite de nombreux conseils tenus entre Son Altesse et le général, un parlementaire fut envoyé au khan pour conclure un armistice. Alors, on vit Falutinski se rendre en personne auprès de Bagallyon, revenir le lendemain en déclarant que ce maudit chef s'était montré intraitable et donner l'ordre de reprendre les hostilités. Toutefois, il arriva qu'à partir de cet instant, la fortune des armes se tourna contre le khan. Les soldats négligeaient de

garder une position importante; d'autres se faisaient surprendre par des forces supérieures;
d'autres tombaient dans une embuscade, et
étaient forcés de capituler. Aussitôt les journalistes eurent toute liberté pour écrire; la stratégie
de Falutinski fut exaltée; les soldats russes, quoique décimés dans les premières rencontres, reprirent courage et l'Europe parla, avec un étonnement mêlé d'admiration, de la marche glorieuse
des troupes du Tzar dans les plaines de l'Anketer. On est toujours enclin à exagérer les mérites
d'un général qui lutte dans des pays lointains :
mais les écrivains spéciaux, qui apprécièrent,
dans leurs journaux, la campagne de Falutiski
furent unanimes à déclarer que jamais officier
n'avait eu à lutter contre de pareils obstacles.

Climat, température, maladies, insectes veni-
meux, sans parler des hordes du khan, braves jusqu'à la témérité, les Russes avaient eu tout contre eux. Le dernier combat, notamment, dans
lequel l'armée du khan surprise le soir, au bord
du Terek, avait été jetée dans la rivière, consti-
tuait un merveilleux coup d'audace, digne des
plus illustres capitaines. Quant à Bagallyon, il
avait échappé au désastre et on le revit plus tard,
à Pétersbourg, figurer dans un grand lever où le

Tzar, assisté du prince Rurik et du général Falu-tinski, reçut son serment de fidélité. Il eut un palais sur la Néva, avec une bonne pension pour y vivre à son aise, et il apprit à jouer le whist en buvant des verres de champagne.

Est-il nécessaire d'ajouter, pour l'intelligence de cette histoire, que lui et le général professaient l'un pour l'autre les sentiments d'estime qu'on se doit entre braves? Ils se parlaient rarement, du reste; mais quand ils venaient à se rencontrer, un mouvement imperceptible des paupières témoi-gnait de cette émotion qu'engendre le contact de deux natures faites pour se comprendre et pour s'admirer. La diplomatie n'est pas un auxiliaire à dédaigner dans certaines guerres.

CHAPITRE DIXIÈME

LES ÉTRANGERS EN RUSSIE

I

LES FRANÇAIS

C'est un Russe qui a dit que la France serait le seul pays à regretter, si le reste du monde venait à disparaître dans un tremblement de terre. Paris est, en effet, le paradis du Russe, pendant que les Français sont « ses anges servants ». Il les emploie comme cuisiniers, comme coiffeurs, comme maîtres de danse et d'escrime, — sans parler des acteurs et des actrices, — et, depuis la guerre de 1870, les *boyards* qui appartiennent au parti du Tzarewich, lequel est anti-allemand, affectent de s'entourer exclusivement de domestiques français, de lire des romans français et d'exalter l'armée française. Il n'est pas jusqu'aux femmes qui ne se livrent à ces manifestations, en feignant, — quelques-unes d'entre elles, du moins, — de ne pas savoir un mot d'allemand, lorsqu'elles croient que cette ignorance sera désagréable aux personnes de leur entourage : *tschinnovnicks* d'origine teutone, attachés d'ambassade prussiens et altesses sérénissimes en voyage.

Cependant, malgré les prévenances dont ils sont l'objet en Russie, les Français n'aiment pas les Russes. L'actrice qui revient à Paris, couverte de diamants et de fourrures dus à la prodigalité de ses admirateurs, se moque de la grossièreté qui se cache sous le vernis élégant des gandins de Saint-Pétersbourg ; les artistes qui vont décorer les palais de la noblesse rient de l'éternelle pose des grands seigneurs qu'ils ont été amenés à fréquenter. Entre un *gentleman* français et un prince russe, il y a toute la différence qui sépare un bon tableau d'une copie mal faite. Les Russes qui fréquentent les tables de jeu de Monaco ou les cercles de Nice se flattent d'éblouir le public, par la façon dont ils sèment l'argent ; mais les *reporters* de journaux eux-mêmes ont cessé d'être sensibles à ce genre de comédie. Un Anglais ou un Américain dépense deux fois plus, et fait dix fois moins d'embarras,

Il est rare de rencontrer en France un libéral sincère qui admire la Russie. Depuis M. de Custine jusqu'à nos jours, les jugements les plus durs sur l'empire des Tzars ont été portés par des Français; et il n'est pas, parmi ceux-ci, d'esprit un peu observateur, qui ne s'exprime en termes du plus profond mépris à l'endroit de la Russie, après quelques mois de séjour dans ce pays. Comment en serait-il autrement, quand on considère la logique du Français, sa haine de l'injustice, de la brutalité et de l'hypocrisie?

Parfois, un élève de l'École normale de Paris est mandé en Russie pour servir de précepteur aux fils d'un riche boyard, ayant un rang élevé dans le *Tschinn*. Il arrive dans un palais magnifique, à une demi-journée de la capitale, et les premières semaines qu'il y passe ne sont qu'une longue suite de plaisirs. Son hôte le régale d'une chasse à l'ours, et lui fait don d'une fourrure superbe. Il a un grand appartement; deux ou trois domestiques sont à ses ordres. On lui dit que les chevaux, les chiens et les fusils sont à sa disposition; on le traite sur le pied de la plus parfaite égalité. Ce qui l'enchante davantage, c'est d'entendre le prince russe, dont il est destiné à partager la vie, deviser des questions politiques et sociales avec la grâce d'un homme de cour et la largeur de vues d'un sage. Le prince n'ignore rien de ce qui manque à son pays : il abonde en nobles projets pour l'amélioration du sort des paysans. Il va faire bâtir une école dans le village et élever une ferme-modèle. Il veut déraciner les superstitions honteuses qui abrutissent les gens de la campagne ; il faut qu'ils apprennent à penser, et il compte sur son jeune ami pour l'aider dans cette partie de sa tâche.

Mais, peu à peu, les mois s'écoulent, et aucun des plans du grand seigneur ne se réalise. Les paysans continuent de s'enivrer : les domestiques jurent du matin au soir ; et, quand, l'hiver venu, le prince retourne à Petersbourg, laissant dans son château ses enfants et leur précepteur, celui-ci s'aperçoit qu'il ne lui est plus possible de se faire obéir, à cause de l'ivresse perpétuelle des gens demeurés auprès de lui. Alors, le jeune Normalien se prend à songer qu'après tout Rome ne s'est pas faite en un jour, et que les fermes-modèles, les écoles et le reste demandent des mois pour se construire. Il attend ; il espère ; jusqu'à ce qu'enfin il découvre que le temps de son prince est absorbé par le jeu, par des intrigues de cour, pendant que celui de la princesse, dont la santé est délicate, se passe à voyager sur le continent.

Quelquefois, le *boyard* philanthrope fait des apparitions à la campagne pour embrasser ses enfants et pour encaisser ses fermages ; mais il n'est plus question de rien améliorer, et le précepteur s'aperçoit même que le prince évite ce sujet. Ce qui le préoccupe, ce sont les prétentions de certaines actrices françaises ; prenant le jeune Français pour confident de ses amourettes, il lui demande d'écrire quelques vers, qu'il jettera le lendemain sur la scène dans un bouquet !

Les années s'écoulent ainsi. Puis vient le jour inévitable où le prince et la princesse, à demi ruinés, déclarent qu'ils vont passer un an ou deux sur leurs terres, pour refaire leurs santés et leur bourse. C'est une phase d'épreuves pour le jeune précepteur, car il va être chargé d'amuser le châtelain et de lire des romans français à la châtelaine. S'il prend sa mission au sérieux et qu'il se refuse au rôle qu'on lui assigne, il se verra en butte à des impertinences qui l'amèneront à s'en aller. S'il accepte, au contraire, sa nouvelle situation, il arrivera qu'un soir, après un dîner au champagne, le prince lui gagnera à l'écarté deux ou trois années d'appointements ;

car les Russes ne se gênent pas pour empocher l'argent des gens à leur service, — n'ayant ni tact ni dignité.

Le précepteur assez malheureux pour perdre ses économies au jeu a pourtant une consolation : il sera assuré de la table et du logement, et son prince le gardera indéfiniment, pour peu qu'il se montre amusant. Par exemple, il devra renoncer à parler des fermes-modèles ; car le *boyard* qui a exposé ses vues philanthropiques pour éblouir un étranger, est aussi incapable de les renouveler qu'une fusée de repartir, après avoir fait explosion. Parfois, un normalien qui, à force de réserve et de prudence, a réussi à n'être ni le bouffon de la princesse ni la victime de l'écarté du prince, revient en France, avec la satisfaction d'avoir semé du bon grain dans l'esprit de ses élèves. Il a fait, effectivement, de son mieux ; mais, dès que la plante grandit, on l'étouffe. Les opinions libérales sont un bagage gênant pour le jeune Russe qui veut faire son chemin. Quand, plus tard, l'élève et le maître viennent à se rencontrer, l'un découvre que ses leçons n'ont abouti qu'à jeter l'autre dans une sorte de nihilisme qui, de l'enfant bien doué naguère, a fait un jeune *tschinnovnik* ne croyant qu'à l'argent, à la ruse, à la force, et à rien de ce qui est noble, juste et bon.

II

LES ANGLAIS

Il y a toujours eu beaucoup d'étrangers en Russie, et, naguère encore, les Anglais y étaient très-recherchés. Mais ceux qu'on attirait prospéraient rarement, pendant que d'autres, dont on se serait passé facilement, faisaient fortune. Autrement dit, il fallait être aventurier, habile et expérimenté, pour être certain de réussir. Un Anglais qui avait eu des démêlés avec la police de son pays ou avec les autorités de l'Inde trouvait, en Russie, un terrain digne de lui ; même, s'il avait la chance de retrouver un *tschinnovnick* qui l'eût connu jadis, au cours de ses voyages, il pouvait être admis parmi les fonctionnaires de la Couronne.

Plus d'un consul anglais s'est croisé, sur les quais des ports russes, avec un personnage, à l'accent

irlandais, portant un habit brodé, avec une étoile
sur la poitrine, et désigné sous le nom de colonel O' Toole ou Mac Phunn. C'était l'inspecteur
des douanes : joyeux compère du reste, complice
de tous les gens faisant de la contrebande, payant
une rente annuelle de cigares et de vins fins au
magnat qui lui avait procuré sa situation, et ayant
toujours une étonnante histoire à dire, des raisons
qui l'avaient amené à entrer au service de la
Russie, qu'il proclamait, avec un clignement
d'yeux, le premier pays du monde. Si le consul
lui parlait sèchement, il devenait humble, et l'ac-
cablait de politesses. S'il avait la faiblesse de lui
donner la main, l'autre gardait ses allures hau-
taines et s'en allait répétant partout qu'il méprisait le drapeau qui symbolisait, à ses yeux, l'oppression de « la malheureuse Irlande ».

C'est aux individus de cette espèce que les
Russes empruntent les étonnantes informations
que leurs journaux donnent, de temps à autre,
sur les mauvais traitements infligés aux Irlandais. Il y a deux ans, le *Golos* publia, en feuille-
ton, le récit de la révolte de l'Irlande de 1795,
en changeant toutes les dates et en « moderni-
sant » tous les incidents, de façon à faire croire que
les faits se passaient en 1867, époque de·l'é-

chauffourée des Fénians. Ces exploits de la presse moscovite ne sont pas exceptionnels.

L'universitaire anglais qui est allé en Russie comme précepteur, qui s'y est marié et qui a obtenu un emploi civil, est un autre type d'étranger très-répandu dans le Saint Empire. De même, sa sœur, l'institutrice qui se marie, elle aussi, et qui se convertit à la foi grecque, après une étude de ses dogmes « qui ressemblent tant, dit-elle, à ceux de notre Église d'Angleterre ». Beaucoup de familles riches ont une gouvernante anglaise ; les membres de la famille impériale comptent tous une lectrice anglaise, dans le personnel de leur maison. L'impératrice, qui préfère les romans anglais aux romans français, a toujours une Anglaise pour lui faire la lecture. Il faut convenir, du reste, que la position d'institutrice ou de lectrice en Russie est, somme toute, enviable ; on y est bien payé et bien traité.

Toutefois, si une jeune *miss*, venant à lire ces lignes, se figure que l'empire des Tzars est le pays qui lui convient, elle fera bien de se mettre en garde contre les déceptions matrimoniales. Les Russes proposent très-facilement le mariage, surtout lorsqu'ils s'ennuient à la campagne. Mais un *tschinnovnick* qui se marie sans la permission du « maréchal de la noblesse » de sa province, voit sa femme exclue de partout ; et l'habitude des « maréchaux » est de refuser les permissions qui peuvent amener des mésalliances. La jeune Anglaise qui a compté faire son entrée dans le monde au bras d'un prince, trouve donc toutes les portes closes. Si son mari se lasse d'elle, il lui offrira une somme d'argent pour divorcer ; si elle refuse, elle court le risque du divorce, sans avoir l'argent pour se consoler.

Il y a très-peu d'écoles de filles en Russie. Une gouvernante qui perd sa position, et qui veut rester dans le pays, ne trouvera à s'employer que dans les grandes villes. Encore n'obtiendra-t-elle la permission d'avoir des élèves, chez elle, qu'après avoir passé un examen en histoire et en « orthodoxie », examen qui se traduit par des dépenses assez élevées.

On rencontrait, naguère encore, en Russie, un assez grand nombre d'ingénieurs anglais, de marchands de machines agricoles, de débitants de thé, etc. Tous ceux qui prospéraient avaient dû se résigner à adopter la façon russe de traiter les affaires : corrompre, pour pouvoir voler. L'homme qui ne veut pas consentir à se laisser prendre quatre sous, pour pouvoir obtenir cent francs, perd son temps en Russie. Un malheureux marchand vint, un jour, raconter à un consul anglais, qu'il avait reçu d'Angleterre une caisse de conserves et que les employés des douanes voulaient ouvrir tous les bocaux et toutes les boîtes, sous prétexte qu'ils pouvaient contenir de la littérature prohibée. Le consul rappela à son compatriote que les fonctionnaires étaient faciles à amadouer; mais l'autre ne voulut rien entendre, en sorte que ses bocaux furent ouverts jusqu'au dernier, les douaniers prétendant qu'ils étaient contraints d'être sévères, depuis que certaine brochure interdite avait pénétré dans le pays, cachée dans des boîtes de sardines.

Quant aux ingénieurs, plusieurs, venus en Russie sur la foi de brillants engagements, ont découvert, en arrivant, que les contrats sont lettre morte, à moins d'être soulignés par des cadeaux appropriés. Or, comme ces pots-de-vin absorbent 50 pour 100 des avantages promis, l'ingénieur se voit placé entre deux partis : retourner chez lui, ou rester et payer, en se rattrapant comme il pourra. Beaucoup restent et se rattrapent aux dépens du travail qu'ils sont chargés d'exécuter, ce qui explique pourquoi on ne trouve pas, dans tout l'empire, un canal, ou un pont, ou une ligne de chemin de fer qui ne coûte, en réparations, deux fois le prix primitif, moins de dix ans après son inauguration.

Il n'y a pas bien longtemps, un négociant anglais qui venait d'arriver à Odessa, alla au bureau de poste pour réclamer son courrier, et aperçut un facteur en train de vider un sac sur une table. Auprès de lui se tenait un homme bien habillé, qui se mit aussitôt à palper les enveloppes, dans le but évident de reconnaître celles qui contenaient de l'argent. Une des lettres ainsi maniées était adressée à l'Anglais ; il eut la chance de la découvrir et celle, plus grande encore, de se la faire remettre. Mais on lui déclara tranquillement que s'il voulait, dorénavant, garantir sa correspondance, il ferait bien de payer un employé de la poste pour la surveiller. De pareilles leçons ne sont pas perdues, quand elles tombent sur quelqu'un qui s'installe en Russie avec l'intention d'y faire autre chose que de changer d'air.

Naturellement, la Russie n'est pas, à l'heure qu'il est, un séjour qu'on puisse conseiller aux Anglais ; ils y seraient exposés à de perpétuelles insultes. Le Moscovite, qui est si humble et si mielleux, a bientôt fait de reprendre ses attributs tartares, quand il croit faire sa cour à son gou-

vernement, en malmenant un étranger. Aujour-
d'hui, tout le monde sait, dans l'empire, que
l'Angleterre n'est pas en odeur de sainteté auprès
du Tzar, et les marchands anglais qui peuvent
se tirer d'affaire en doublant les pots-de-vin
qu'ils ont coutume de distribuer, sans avoir à
jouer des poings, doivent s'estimer heureux. Les
coups sont toujours un excellent moyen d'imposer le respect aux gens de la basse classe, même
aux petits employés ; car les uns et les autres sont
habitués à croire qu'un homme qui les bat, n'est
pas le premier venu. Mais devant la tyrannie des
grands et des puissants, il n'y a qu'à s'incliner,
sauf dans les cas exceptionnels où l'on peut demander à son adversaire une réparation par les
armes. Les Russes sont généralement forts à l'escrime, et le jeune Moscovite, s'il ignore toute autre chose, sait au moins donner un coup de sabre
à l'allemande, ou prendre une parade à la française.

CHAPITRE ONZIÈME

LES RUSSES CHEZ LES AUTRES

I

CHEZ LES POLONAIS

Les admirateurs de la Russie qui veulent se former une idée du sort réservé aux provinces que le Saint Empire vient de conquérir, devraient visiter la Pologne russe. Ils feraient même bien de commencer par voyager en Galicie et dans le duché de Posen, pour se convaincre, tout d'abord, que le spectacle qui les attend, aux environs de Varsovie, n'est pas la conséquence forcée de toute domination étrangère. Les Polonais prussiens et autrichiens sont pourtant des peuples conquis, comme leurs compatriotes de la Pologne russe; et, s'il est nécessaire de persécuter ces derniers, pourquoi ne martyrise-t-on pas les autres ?

La cruauté russe n'a jamais été constatée qu'à travers une sorte de nuage. La Pologne est loin de nous, et les moyens d'information y sont rares. Il n'y a pas de presse indépendante. Un Polonais qui écrirait des lettres, de Varsovie aux journaux de Londres ou de Paris, serait bien vite découvert et envoyé en Sibérie. Si un Anglais visite le pays, en touriste, on s'abstient de lui faire des confidences, par peur des indiscrétions ; et les seules personnes auprès desquelles il puisse se renseigner, sont les fonctionnaires russes, lesquels, naturellement, lui font voir tout en beau. Comme, d'autre part, il constate que les habitants vendent et achètent dans les rues sans recevoir la bastonnade, il se dit qu'en effet, tout va mieux en Pologne qu'il ne l'avait cru jusque-là. Cependant, de nombreux ouvrages, signés de noms dignes de foi, dénoncent les cruautés commises par les Russes ; les réfugiés polonais parlent d'atrocités dont ils furent les témoins et qui, fussent-elles exagérées, n'en resteraient pas moins horribles. Bref, les éléments d'appréciation ne font pas défaut, lorsque l'on veut juger de la conduite des sujets du Tzar en Pologne, et mesurer, par là, le zèle chrétien dont ils se disent enflammés dans leurs croisades contre les Turcs.

Au lendemain de l'insurrection de 1863-64, — insurrection fomentée par les Russes eux-mêmes, pour se ménager une occasion d'en finir avec les Polonais, — les vainqueurs inaugurèrent une politique dont le but évident était d'étouffer, dans le pays, tous les germes de la vie nationale qui pouvaient avoir survécu à l'écrasement des vaincus. Les propriétaires qui n'avaient pas pris part à la lutte, dans les rangs de l'armée moscovite, furent exilés et leurs biens confisqués. Ceux qui s'étaient joints aux insurgés furent expédiés en Sibérie, et s'y trouvent encore, s'ils sont vivants. Les femmes et les enfants partagèrent le sort des hommes. Dans quelques districts, qui s'étaient fait remarquer par leur hostilité, des villages entiers furent transportés.

Par un raffinement de cruauté, l'autorisation accordée aux criminels ordinaires de correspondre, de temps à autre, avec leurs parents et leurs amis, fut refusée à ces condamnés politiques, en sorte que ceux d'entre eux qui n'ont pas pu payer des colporteurs juifs pour donner de leurs nouvelles et pour en recevoir, sont demeurés privés de tous rapports avec le monde des vivants. Si un réfugié s'adresse au gouvernement, pour savoir si ses parents vivent encore, on ne lui répond pas; s'il envoie de l'argent en Sibérie, il n'arrive jamais à destination.

Une fois la Pologne débarrassée de sa population rebelle, les émigrants russes et allemands furent attirés dans les demeures vides des paysans ; et les grandes propriétés furent données aux favoris de la cour, lesquels, d'ailleurs, y viennent rarement et les font gérer par leurs agents. La seconde mesure fut d'interdire l'enseignement du polonais dans les écoles et l'emploi de cette langue dans aucune transaction, dans aucun document ; de la bannir même de l'Église. L'attentat de Berezowski contre le Tzar, en 1867, à Paris, amena le gouvernement à congédier les maîtres d'école français ; aujourd'hui, cette langue n'est plus enseignée dans les écoles. Le Polonais est obligé d'apprendre le russe. Il en a du reste besoin, à chaque instant, car tous les employés, du plus grand au plus petit, veulent qu'on leur parle dans cette langue. La publication de livres ou de journaux en polonais a été assimilée à un crime, et les ouvrages polonais, accumulés chez les libraires, ont été saisis sans exception. En Russie, l'action de la censure s'évite facilement ; mais il n'en est pas de même en Pologne, où aucun écrit ne pénètre sans avoir reçu l'*imprimatur* du département de l'instruction publique à Pétersbourg.

Les étrangers sont dépouillés, dès qu'ils arrivent, non-seulement de leurs livres et de leurs journaux, mais encore de tous les papiers imprimés dont ils ont pu se servir pour envelopper leurs objets de toilette; on ne les leur rend qu'à leur départ. Les enfants apprennent l'histoire dans des livres russes, où leur pays est insulté à chaque page, et les étudiants des universités doivent assister, sans sourciller, à des séances où on leur démontre que leurs pères étaient des brigands.

Un pareil régime a produit sur l'esprit public l'effet d'extinction qu'on en pouvait attendre; mais la résignation elle-même ne désarme pas les Russes, parce qu'il entre dans leur système de faire sentir perpétuellement aux Polonais le joug de l'oppression. Un Polonais qui a à se plaindre d'un Russe ne peut recourir qu'à un juge russe, qui lui donne invariablement tort. Si au contraire un Russe est frappé par un Polonais, — homme ou femme, — la prison et le fouet attendent le coupable. Les Polonaises ne peuvent porter du noir, parce qu'elles avaient coutume de s'habiller ainsi, les jours de fêtes patriotiques. Elles ne peuvent pas, non plus, porter, en même temps, du rouge et du blanc, parce que ce sont là les cou-

leurs nationales. Toutes les professions, même la
profession médicale, ont été interdites aux Polonais qui refusent le serment de fidélité au
Tzar; et ils ne peuvent le prêter sans renier
leur pays et leur foi, puisque le premier gage
exigé d'eux est l'adhésion au culte orthodoxe.
Sans cette abjuration, un Polonais ne peut ni
acheter une terre, ni ouvrir une boutique en
son nom, ni se faire maître d'école. Lorsqu'il
aura servi dix ans dans l'armée — et il n'a
pas la facilité de se racheter — il n'aura d'autre ressource que de travailler le sol, d'entrer
comme employé chez un marchand, ou de s'associer secrètement à un juif. Les israélites polonais sont mieux traités que les chrétiens, ayant
pris une part moins ouverte à la dernière insurrection, et étant, en général, moins enclins à
conspirer. En outre, ils ont réussi à garder leur
argent, et ils sont protégés par leurs coreligionnaires, plus riches encore, de la Russie.

Tous les catholiques polonais qui ont pu quitter
leur pays se sont hâtés d'en partir; d'autres se
sont faits renégats, de lassitude et de désespoir;
mais il en reste beaucoup qui sont demeurés
fidèles aux vieux usages de leur nation, à leur
religion, voire à leurs espérances, avec une con-

stance qu'aucune persécution n'a pu abattre. Les
Polonais ont l'esprit vif, le cœur sensible. La
beauté des femmes est proverbiale, et leur dou-
ceur n'est pas exclusive d'une énergie qui faisait
dire au comte Berg qu'une Polonaise et un prêtre
sont, à eux deux, indomptables. Depuis que ces
paroles furent prononcées, on n'a rien négligé
pour abattre le pouvoir du clergé ; la plupart des
églises ont été fermées, et celles qui restent ou-
vertes sont desservies par des ecclésiastiques qui
poussent le dévouement à la police jusqu'à se
servir de la confession pour découvrir de prétendus complots.

Aucune des conspirations dont il est bruit,
de temps à autre, n'est sérieuse ; car il faudrait
être fou pour conspirer dans les circonstances actuelles. Mais il entre dans les plans du
gouvernement de faire croire aux Russes que la
Pologne est toujours menaçante, et de trouver un
prétexte pour infliger aux faux rebelles des puni-
tions qui frappent, d'une salutaire terreur, les
Polonais de l'armée. Ceux-ci ne se mêlent jamais
avec leurs oppresseurs. En vain les éloigne-t-on
le plus possible de leur pays ; en vain les sépare-
t-on, le plus qu'on peut, les uns des autres ; le
petit groupe de Polonais qu'on rencontre dans

toutes les garnisons, vit à part, sans contact avec le reste du régiment. Ils ne conspirent pas, ils ne prêchent ni l'insubordination ni la révolte ; ils suivent simplement ce penchant instinctif qui pousse l'une vers l'autre les natures bien trempées.

C'est cette supériorité intellectuelle du Polonais sur le Russe, qui fait que le vainqueur a tant de peine à compléter l'écrasement du vaincu et qui lui inspire, pour sa victime, une haine si violente et si amère. Il reconnaît que le Polonais demeure Polonais, malgré tout. Il revient de l'armée, Polonais. S'il abjure sa foi, s'il prend du service en Russie, s'il fait profession de renier sa patrie, il reste encore Polonais et il soupire, au fond du cœur, après le pays qu'il a trahi. Il est Polonais, en Sibérie. S'il va à l'étranger, il parle avec orgueil de sa nation. S'il parvient aux fonctions élevées, par une apostasie en règle, il devient, comme malgré lui, le protecteur et l'avocat des intérêts polonais. Lorsque la police russe se livre à une perquisition dans un intérieur polonais, elle est toute surprise de trouver des enfants à peine capables de marcher, parlant la langue de leurs pères ; et quand elle questionne ceux qui sont d'âge à répondre, elle découvre qu'ils sont édifiés sur l'histoire qu'on leur fait apprendre à l'école.

Un mot séditieux dit par un enfant, et imputé à ses parents, sert souvent à bâtir toute une conspiration ; le plus souvent, cependant, c'est une lettre adressée aux comités de Londres ou de Paris et interceptée par la poste, qui fournit un prétexte à ces inventions. Ces comités sont le cauchemar du gouvernement, quoique, ayant des espions pour les surveiller, il n'ait rien de sérieux à redouter de leur part. Mais, sous quelque forme qu'elle revête, la perpétuité de l'idée polonaise exaspère les Russes, parce qu'aussi longtemps qu'elle survivra, ils ne pourront pas achever l'œuvre qu'ils poursuivent. Ils ont entrepris de réduire la Pologne à une simple expression géographique ; ils persévéreront dans cette tâche odieuse avec une implacabilité de toutes les heures, à moins qu'un événement imprévu ne vienne contrarier leurs desseins.

II

DANS LE TURKESTAN

I

LES CONQUÉRANTS.

Les conquêtes de la Russie dans le Turkestan ont eu deux buts : entretenir le prestige indispensable à tous les régimes despotiques ; donner de l'occupation aux mécontents, qui eussent pu devenir gênants. Les garnisons et l'administration des provinces soumises se recrutent généralement parmi les individus trop turbulents ou trop compromis pour pouvoir séjourner dans la sainte Moscovie. Le jeune boyard qui s'est ruiné aux cartes ; le *tschinnovnick* qui s'est... trompé dans ses comptes, mais qui est trop bien apparenté pour qu'on l'envoie au bagne ; l'escroc de bonne compagnie ; le chevalier d'industrie, habile et bien né ; l'officier grincheux qui n'est pas aimé de ses camarades ; tous ces gens, en un mot, que la société préfère voir de loin que de près, sont dépêchés chez les Uzbecks, les Tadjieks et les Khirgiz-Kassaks. Tant mieux, s'ils réussissent à s'enrichir, en frappant des impôts illicites sur ces innocentes tribus ; tant pis, s'ils disparaissent dans une expédition. Le gouvernement fait, d'ailleurs, de son mieux pour faciliter leurs débuts, en les revêtant, à leur départ, de brillants uniformes, tout constellés de décorations. Un Anglais trouverait scandaleux qu'un officier, coupable d'avoir pillé la caisse du régiment, fût envoyé dans l'Inde avec un grade et la croix de l'ordre du Bain. En Russie, il n'est pas rare qu'un bon à rien soit expédié à Samarcand avec les croix de Sainte-Anne et de Saint-Wladimir sur la poitrine. Il importe peu qu'il en soit indigne ; l'essentiel est qu'il brille et qu'il en impose aux Uzbecks et aux Khirgiz-Kassaks.

Les Russes ont doté ces tribus d'un régime qui a assez bon air sur le papier, mais dont l'application paraît laisser à désirer, du moins pour les intéressés. Qu'est-ce que le sauvage Uzbeck peut comprendre, par exemple, à une cour d'appel ? Il avait l'habitude de demander justice au kasi, nommé à vie par le khan ; il l'obtenait vite et à bon compte. Le kasi n'avait pas intérêt à le tromper ; le respect de l'équité, qui est un des traits de la religion mahométane, le retenait, et les égards de ses concitoyens se mesuraient à son indépendance. Aujourd'hui les kasis sont, pour la plupart, des vauriens, élus par d'autres vauriens appelés « anciens » ; ils sont à la merci, a la solde des Russes ; ils ne songent qu'à plaire à leurs vainqueurs. Le Turcoman sait qu'ils le condamnent injustement ; mais, s'il a un procès avec un Russe, il préférera accepter la sentence du premier juge que d'en appeler devant une cour qui le condamnera à des frais énormes, dont il ne pourra s'acquitter qu'en vendant sa bride semée de pierres précieuses et ses étriers d'argent : l'orgueil et la tradition de sa race.

Le système des passe-ports, importé et appliqué avec les vexations et les extorsions de toutes sortes particulières à la Russie, l'irrite particulièrement, lui habitué à circuler avec la liberté de l'air. Il ne peut pas comprendre dans quel but on l'oblige à porter avec lui un morceau de papier qu'on ne trouve jamais en règle, et qui sert simplement à le forcer à puiser dans la bourse, souvent mal garnie, qui pend à sa ceinture. Qu'on ajoute à cela cette mystification d'être contraint de payer l'entretien de routes stratégiques qui ne lui sont d'aucune utitilité, l'ennui d'avoir des impôts à débourser pour les moindres transactions commerciales, — la vente d'un cheval ou d'un chien, — et l'on comprendra qu'on n'a peut-être pas tort de chercher à éblouir le Turcoman par l'éclat de l'uniforme de ceux qui le tyrannisent. Auprès des populations de Khokand, de Bockhara et de Khiva, les broderies et les croix sont les symboles d'un pouvoir avec lequel il ne fait pas bon badiner ; et elles les révèrent d'autant plus facilement qu'elles voient les soldats russes donner l'exemple du respect.

L'histoire des expéditions russes dans le Turkestan témoigne, à la fois, de beaucoup de ruse et d'audace ; pendant que leur persistance atteste l'importance que les Tzars attachent à la possession des régions, au delà desquelles se dresse le but final : les Indes. Ce fut, il y a quinze ans environ, en 1864, que les opérations commencèrent d'une façon suivie, sous le commandement du colonel Verevkin, dans le Turkestan, et de Tchernaïeff, vers Tashkend. L'armée de Tchernaïeff comprenait deux mille hommes, avec douze canons ; la capitale du Khokand, qui a près de trente kilomètres de tour, comptait plus de cent mille habitants, défendus par trente mille soldats, bien armés et pourvus d'artillerie. Mais l'or russe avait été semé dans ces parages, longtemps avant l'apparition des troupes impériales ; et bien que celles-ci aient eu des combats à livrer, ce fut certainement l'argent et non le fer qui leur ouvrit la ville, par surprise, et qui assura leur victoire. Tashkend une fois pris, les Russes se trouvèrent en rivalité d'influence avec l'émir de Boukhara qui réclamait une partie du khanat. La sanglante bataille d'Irdjar obligea l'émir à abdiquer ses prétentions, et donna aux envahisseurs les deux plus belles provinces du Khokand.

Mais leur succès ne s'arrêta pas là. Deux ans plus tard, les Boukhariens ayant levé l'étendard de la guerre sainte, le général Kaufmann fut envoyé contre eux et s'empara de Samarcand ainsi que de la vallée de Zarafshan, une des plus fertiles de l'Asie centrale. Ce fut dans cette campagne que 772 Russes, qu'on avait laissés à Samarcand pour garder 450 blessés, tinrent tête pendant trois jours, avec une incroyable énergie, à 20,000 naturels que commandait le bey de Sherisal. Kaufmann arriva avec des renforts, juste à temps pour les sauver ; mais il y eut, cependant, quelque chose d'étrange dans la façon subite dont les Boukhariens décampèrent, aussi bien que dans d'autres circonstances qui donnè-

rent à penser que l'émir s'était laissé... influen-
cer. Dans tous les cas, il accepta la domination
moscovite, au prix d'une royauté nominale ; et on
le vit en 1872, durant la campagne de Khiva, rendre à ses anciens ennemis l'immense service d'assurer leurs communications avec la Russie.

Sans cet accommodant émir, l'expédition n'eût
pu être menée à bonne fin, et il y a vraiment
quelque chose d'attristant dans ce spectacle rétro-
spectif des malheureux Boukhariens, amenés par
les fables d'un prince corrompu à servir les projets
d'adversaires qu'ils détestent et qu'ils pouvaient
si facilement écraser. Deux corps d'armée, éga-
rés dans le désert, avaient été obligés de rebrousser
chemin ; le troisième, sous les ordres de Kaufmann, était sur le point de périr de faim. Mais le
secours des Boukhariens prévint un désastre général, et décida du sort du khan de Khiva qui fut
contraint de céder une partie de ses États à son
« bon frère » de Boukhara et d'accepter le protec-
torat russe pour le reste.

Ce succès ne mit pas fin, du reste, à la marche en avant des Russes. Car, il y a deux ans,
en mars 1876, les Khokandiens ayant fini par
se lasser d'une civilisation qui se révélait à eux
par des cours d'appel, des passe-ports et des im-

pôts, déposèrent leur khan et organisèrent une insurrection formidable qui fournit à leurs vainqueurs une occasion de s'annexer une magnifique région, qu'ils ne parviennent, toutefois, à tenir en tutelle qu'avec une garnison d'au moins 50,000 hommes.

Un coup d'œil jeté sur la carte montrera quels pas de géant le Saint Empire a faits, à la faveur de ces conquêtes, dans la direction de l'Inde. Pour l'heure, il a rencontré sur sa route un fidèle allié de l'Angleterre, le khan de Kasghar, qui dispose de 40,000 hommes disciplinés et bien armés, avec lesquels il peut barrer le passage à l'envahisseur. Mais les Russes ont lancé contre lui les Chinois, et une lutte doit se livrer en ce moment, entre ces deux adversaires. Si Yakoub Beg est victorieux, il a assez d'énergie pour soulever tous les musulmans de Tashkend, du Khokand et de Samarcand. S'il est battu, ou si la Russie parvient à le mettre dans son jeu, tout le Turkestan méridional sera à la merci du pire ennemi de l'Angleterre. Il ne lui restera plus alors qu'une bande de terrain sans défense à franchir pour atteindre la frontière de l'Inde !

II

LES CONQUIS.

La force du gouvernement russe tient surtout
à ce qu'il n'a pas de parlement pour contrôler ses
actes. Il peut ainsi consacrer aux fonds secrets
des sommes énormes, et acheter en Asie autant
de chefs qu'il a besoin. Depuis que la Compagnie
des Indes orientales a cessé d'exister, l'Angleterre
s'est vue placée, sous ce rapport, dans des conditions notoires d'infériorité. Son gouvernement
ne peut plus recourir à l'argent pour se faire des
amis; et le prestige militaire est resté, en Orient,
son seul élément de force. Assurément, la façon
dont la Grande-Bretagne a réprimé la révolte
des Indiens a fait honneur à ses armes ; et d'Astrakan à Ceylan, tous les rajahs et tous les
khans ont gardé, de ses victoires, un salutaire et
respectueux souvenir. Certainement encore, ses
succès en Abyssinie ont vivement impressionné
les imaginations asiatiques ; et il n'est pas un chef
dans le Turkestan, qui ne sache comment Delhi
et Magdala furent prises. Mais la Russie a, de
son côté, un renom militaire ; et quand l'or vient

le seconder, quand les grands sont achetés et les humbles mystifiés par d'innombrables fables sur la décadence de l'Angleterre, la question de savoir si le gouvernement de Pétersbourg n'est pas, après tout, le plus fort des deux, se pose naturellement devant chacun.

Si le Royaume-Uni est le plus puissant, pourquoi permet-il à son rival d'étendre sa suzeraineté sur des tribus qui s'étaient montrées, de tout temps, plus sympathiques qu'hostiles à l'influence anglaise ? Pourquoi le laisse-t-il tracasser la Perse et dépouiller la Turquie ? Pourquoi tous les Russes se vantent-ils qu'un jour le drapeau du Tzar flottera à Calcutta ? Ce sont là des points d'interrogation auxquels il est difficile de répondre, dans des termes convaincants, pour le Bookharien ou le Khivien. Les hommes d'âge, les hommes de guerre du Turkestan comprennent parfaitement ce que veut la Russie, en dedans et au dehors de l'Inde, quand elle sème la désaffection parmi les princes indigènes ; il leur semble que le bon moment, pour arrêter cette propagande, est celui où elle n'a point encore produit tout son effet, et non l'instant où de nombreux alliés viendront la seconder dans la lutte finale. L'inaction de l'Angleterre les surprend donc et les ébranle.

Puis, malgré la cruauté et l'insolence avec lesquelles ils traitent les pays conquis, les Russes ont des qualités et des vices qui s'harmonisent mieux que le formalisme anglais avec le caractère asiatique. La politique anglaise tend à protéger les populations contre les abus et la tyrannie de leurs gouvernants ; la politique russe agit en sens inverse, car elle donne carte blanche aux chefs, pourvu qu'ils s'inclinent devant le vainqueur. Le fonctionnaire anglais, aux Indes, est généralement un *gentleman* : juste, digne, consciencieux, mais peu communicatif. Se sentant toujours menacé par la duplicité orientale, il est froid, réservé, presque hautain ; religieux, de bonnes mœurs, il est comme trop vertueux pour le rajah qui sait qu'il ne peut ni le corrompre ni être corrompu par lui. Le Russe, déjà à moitié barbare dans son pays, n'est plus retenu par aucun préjugé, en Asie, et a vite adopté les usages musulmans, y compris le harem. Les gouverneurs de Samarkand et de Tashkend s'entourent même, dans la vie privée, d'un luxe tout royal ; et comme leurs inférieurs les imitent, le plus petit employé se trouve installé en satrape avec des domestiques pour le servir, et des femmes pour danser devant lui pendant qu'il boit, couché sur une ottomane. Il se peut, d'ailleurs, que cette manière de vivre ne soit pas goûtée des gens du Turkestan. Ils peuvent s'indigner de voir des étrangers traiter en esclaves les filles de leurs tribus, et griser leurs chefs avec « le vin du ciel », comme ils appellent le champagne. Mais lorsque ce spectacle, lorsque les extorsions et les injustices commises à leurs dépens les poussent à se soulever contre l'oppresseur, ils sont invariablement trahis par leurs khans et retombent sous le joug, après une courte lutte, suivie d'un épouvantable massacre.

Les tribus du Turkestan se seraient, depuis longtemps, débarrassées des Russes, si elles avaient été unies, et si leurs chefs avaient joué franc jeu avec elles. On a raconté récemment que Khudayar, l'ex-khan de Khokand, déposé en 1876, s'était enfui d'Orenbourg où il vivait, pensionné par les Russes ; et on prétend qu'il provoquera bientôt un nouveau soulèvement de ses compatriotes. C'est possible. Mais Khudayar est le même contre lesquels les Khokandiens se révoltèrent, il y a deux ans, à cause de sa servilité envers les Russes. C'est un vieil intrigant qui fait parler de lui depuis trente ans, et qui trompera certai-

nement les Khirgiz s'ils se fient, de nouveau, à
ses promesses. L'histoire de ces insurrections ne
varie jamais.

Quand les meneurs sont prêts, ils envoient
les derviches, dans un village, dénoncer la dernière infamie commise par les Russes. Des
groupes se rassemblent. Le petit détachement de
soldats qui garde la localité est massacré; des
bandes de fanatiques se forment et s'engagent,
par serment, à tuer chacune leurs dix ou vingt
chrétiens; les Khirgiz, galopant de bourgade en
bourgade, répandent partout la sédition, qui se
développe et se communique avec la rapidité d'un
feu de prairie. En deux jours, une centaine de
ces hameaux ou de ces camps — car la plupart
d'entre eux ne se composent que de tentes — sont
en armes; la lutte s'engage terrible, sauvage,
impitoyable des deux côtés; le sang coule comme
de l'eau; les journaux de Pétersbourg cachent
le chiffre des morts ; puis, soudain, cet incendie,
qui paraissait devoir tout dévorer, s'éteint comme
un feu de paille. Ce sont des chefs qui ont trahi.
Ils ont attendu, pour se rendre, d'avoir donné à
leur ennemi des preuves de leur force, afin de se
faire acheter plus cher ; cet instant venu, ils se
sont laissé corrompre et, conduisant alors leurs

malheureux soldats dans quelque embuscade, ils les ont fait exterminer. Plus tard, on les retrouvera dans les robes de velours rouge que le vainqueur décerne aux dignitaires indigènes qui se sont signalés par leur fidélité ; ils boiront et trinqueront avec leurs oppresseurs, et la paix se maintiendra jusqu'à ce que d'autres personnages, ambitieux de velours rouge et de champagne, recommencent le même jeu.

La grande faute des tribus du Turkestan est que chacune a trop de confiance dans ses propres chefs et trop de défiance envers ceux des autres ; en sorte que s'il arrive que l'un de ces derniers continue à tenir la campagne, après la trahison de tel ou tel, sa tribu seule demeure avec lui ; le reste l'abandonne, et il est obligé de déposer les armes, en attendant d'être pendu.

Il y a beaucoup de tribus. Celles des Tadjiks, des Uzbecks et des Khirgiz en sont les types principaux : types différents, d'ailleurs, qui ne pourraient s'unir et coopérer à une œuvre commune, qu'à la condition d'être dirigés par un chef d'une trempe exceptionnelle.

Les Tadjiks descendent de la vieille race ariane, qui peupla jadis l'Asie centrale. Ce sont de beaux hommes, bien bâtis, pas trop noirs, avec de grands yeux pleins de finesse et des manières à peu près douces; soumis pendant longtemps aux Uzbecks, ils ont perdu leur esprit martial et pris les vices des esclaves. Ils font d'excellents commerçants, même de bons ouvriers; mais ils sont frivoles, menteurs et traîtres, et, dans les insurrections, ils sont les premiers à lâcher pied.

Les Uzbecks sont d'origine turque, et forment une caste arisctocratique; chaque groupe a ses traditions et ses usages et se presse autour de son chef, comme les Écossais d'autrefois autour de leurs chefs de clan. Maigres, grands, de mœurs simples, ce sont de véritables guerriers. Pendant que les Tadjicks parlent un persan bâtard, ils ont, eux, conservé leur langue primitive; on les corrompt difficilement, parce qu'ils n'ont aucun goût de luxe. Si l'un d'eux trahit, c'est le plus souvent pour se venger d'un rival.

Les Khirgiz, qui occupent une grande partie du Khokand, se divisent en deux races : les Kara-Khirgiz, qui sont des montagnards, ayant de fortes tendances au banditisme, et les Khirgiz-Kassaks, qui vivent dans les plaines et qui seraient le peuple le plus prospère de l'Asie centrale, sans l'effroyable superstition qui paralyse leurs remarquables qualités. Le Khirgiz a des os de mouton pendus autour de lui, pour chasser les mauvais esprits. S'il a un tintement dans l'oreille, il se précipite à genoux pour prier, croyant qu'un de ses amis est sur le point de mourir. Si on siffle en sa présence, il se figure qu'on a des desseins sur sa femme, et il faudra lui faire un don pour l'apaiser. Si un de ses enfants bâille, il est persuadé que quelque méchant esprit va entrer dans sa gorge, pour lui arracher le cœur, et il crible de coups le malheureux, de façon à lui ôter, dorénavant, l'envie de détendre sa mâchoire.

Les Khirgiz ont tous le type mongol, ce qui s'explique par la prédilection qu'ils ont toujours eue pour les femmes Kalmucks, prédilection qu'ils leur témoignaient, naguère encore, en allant les enlever sur le territoire chinois. Autrefois, un Khirgiz eût trouvé déshonorant d'épouser une femme qu'il n'avait pas enlevée, et on rencontre encore des traces de ce préjugé dans certains usages particuliers aux cérémonies nuptiales. Ainsi, lorsqu'un Khirgiz veut se marier, il achète sa fiancée pour tant de chameaux ou de chevaux ; puis, le jour du mariage, la jeune fille monte sur un poney, armée d'une cravache en nerf de bœuf et s’enfuit au galop, pendant que son futur la poursuit à cheval, avec une troupe d’amis. Une lutte s’engage entre la fugitive et son fiancé; finalement, celui-ci la ramène en croupe, au milieu des acclamations du village.

Les Khirgiz vivent dans des huttes pointues, faites en feutre; leurs chevaux sont richement caparaçonnés; les brides sont souvent incrustées de pierreries. Ils portent des pantalons de cuir; une robe de velours noir, plus ou moins brodée d’or, et un chapeau conique en feutre, à bords recourbés. Quand un Khirgiz peut mériter la robe de velours rouge, décernée par les Russes, il en est extrêmement fier; ce qui n’empêche pas sa fidelité d’exiger, ensuite, des présents continuels, pour se tenir en haleine. Comme les Russes ne peuvent pas toujours donner, ils persécutent; et leur cupidité trouve à s’exercer aux dépens des brides et des selles à pierreries. C’est par l’intermédiaire des Khirgiz que les bruits politiques sont répandus dans le Turkestan; ils ont une affection tout athénienne pour les histoires, et sont assez crédules pour ajouter foi à toutes les fables. Dès que l’un d’eux a recueilli une nouvelle, il laisse là ses affaires, et monte à cheval, pour aller la porter aux quatre points cardinaux. Ce sont de grands éleveurs de vers à soie, de chameaux et de chevaux, et ils fabriquent le feutre, la soie et les ornements d'or aussi habilement que les Chinois. La Russie, cependant, n'a rien fait pour développer leur industrie; elle leur a plutôt nui, en la frappant d'impôts énormes.

CONCLUSION

L'AVENIR ?

Interrogé, il y a dix-huit mois, sur le sort réservé à la Russie, tout homme initié à la situation de l'empire des Tzars n'eût pas hésité à répondre que la sainte Moscovie était à la veille d'un cataclysme. Aux prises avec des difficultés financières, troublée par des complots incessants ; dépravée, rançonnée par une administration dont les scandaleuses pratiques indignaient jusqu'aux classes les plus tolérantes en cette matière, la Russie touchait à une crise.

Les gouvernements corrompus inclinent à chercher, dans des aventures extérieures, une diversion à leurs embarras intérieurs, surtout lorsqu'ils sentent, autour d'eux, une armée nombreuse, mal commandée et mal payée, qui peut faire des révolutions au dedans si on ne l'emploie à tuer au dehors. Le péril était si pressant que le Tzar devint hypocondriaque. La maladie noire qui avait assombri les derniers mois des règnes de Paul, d'Alexandre et de Nicolas, semblait s'être choisi une nouvelle victime dans la personne du prince, que des conseillers détestables et l'influence d'une cour dissolue avaient détourné de la voie sage et droite où il avait paru, au début de sa carrière, vouloir s'engager nôblement. Certes, l'Empereur redoutait la guerre, presque autant que la paix ; mais il n'avait à choisir qu'entre un bouleversement qui eût emporté le trône, ou une expédition qui pouvait relever son prestige, si la victoire lui venait en aide. Il opta pour la guerre ; du moins son entourage opta pour lui. Au fond, il comptait peu sur le succès, et les spectateurs impartiaux de sa téméraire aventure admirent, moins facilement encore, la possibilité d'un dénoûment heureux. Il n'y avait pas, dans toute l'Europe, un homme politique qui ne sût que les souffrances des chrétiens de Turquie, dont le gouvernement le plus cruel du monde faisait un cri de guerre, n'étaient qu'un prétexte sans valeur ; et on regardait comme certain que l'An-

gleterre, menacée par cette guerre de conquêtes,
interviendrait sinon avec l'alliance, du moins
avec l'approbation de tous les États libres.

Si la Grande-Bretagne eût barré le chemin aux
envahisseurs de la Turquie, celle-ci, sauvée d'un
grand désastre par les armes anglaises, eût cédé
aux conseils de son alliée ; et ses sujets chrétiens
se fu ssent trouvés alors dans des conditions meilleures que celles qu'ils obtiendront jamais de la
Russie. Quant à l'empire moscovite, humilié,
écrasé comme pouvoir militaire, il eût été contraint de chercher, dans une transformation intérieure, l'oubli et la réparation de son échec.

Peut-être dira-t-on qu'une conflagration européenne aurait pu résulter de l'immixtion anglaise
dans les affaires d'Orient. Cela se peut. Mais avec
l'Angleterre, la France, l'Autriche, l'Italie, le
Danemark, la Hollande et la Belgique groupés
l'un contre l'autre d'un même côté, une lutte
générale aurait amené le règlement définitif de
toutes les questions actuellement pendantes entre
les États. L'Europe fût entrée dans une longue
ère de paix comme celle qui suivit Waterloo, et
s'il y avait une classe d'hommes qui devait, plus
qu'une autre, souhaiter ce résultat, c'était assurément celle qui inscrit sur son drapeau les mots

de liberté et de progrès. Pourtant, ce furent les libéraux anglais qui firent que les choses tournèrent différemment. Conduits par l'homme d'État qui, jadis, dénonçait, en termes indignés, le despotisme du roi Bomba, ces hommes, aveuglés par l'esprit de parti et au milieu de l'étonnement de leurs coreligionnaires des autres nations, se posèrent en champions du désintéressement et de la philanthropie des Russes. Ils donnèrent à la Russie une force que ses armes ne lui eussent jamais méritée. Ils décidèrent du sort de la Turquie, jetèrent leurs protégés bulgares dans les serres de l'aigle moscovite, et répandirent les germes de mainte guerre à venir. Qui eût jamais prévu qu'un parti de progrès et de paix aurait pu agir de la sorte, pour complaire à un homme aigri par des échecs ministériels, chagrin d'avoir perdu sa popularité et anxieux de se venger sur son successeur?

Aujourd'hui, le mal est fait; et, au lieu de gémir sur ce qui est irrévocable, il vaut mieux envisager les conséquences probables de la plus étonnante folie politique qui ait jamais compromis les destinées d'un grand pays. Tout d'abord, l'entrée de la Russie dans les voies de la civilisation est indéfiniment ajournée ; car l'état de l'esprit public y est tel, que le gouvernement ne peut faire une concession sans qu'on en réclame aussitôt beaucoup d'autres, et, comme ces réformes entraîneraient la disparition du *Tschinn*, les *tschinnovnicks* qui détiennent le pouvoir, préféreront ne rien accorder. Pourquoi, au surplus, se montreraient-il plus débonnaires, aujourd'hui que la nation est grisée par la victoire et qu'ils peuvent aisément la maintenir sous le joug, en tournant ses pensées vers de nouvelles et plus vastes conquêtes ? Un peuple qu'on dresse à la guerre dans un but déterminé, oublie vite ses griefs et ses maux. Les misères dont il souffre sont allégées par la perspective de jours meilleurs, de dépouilles à partager, d'honneurs à recueillir ; et, s'il en est qui songent que dépouilles et honneurs reviennent à quelques-uns, pendant que les privations et les blessures attendent tout le monde, leurs voix isolées et timides se perdent dans les clameurs guerrières de la foule.

Les amis de la paix en Russie doivent se sentir le cœur serré ; car une guerre se prépare, bien autrement terrible qu'aucune de celles antérieurement soutenues par leur pays, et l'adversaire cette fois sera la Grande-Bretagne. On s'y apprête, on en parle ouvertement. Déjà, d'un bout à l'autre de cet immense empire qui égale en surface la moitié de l'Europe, on raconte que le Tzar a donné un soufflet aux Anglais ; on y dira demain que l'Angleterre, humiliée, est une menace constante pour les intérêts russes. Le crédule *mujick* sera dressé à croire que la « perfide Albion » est l'ennemi qui l'empêche d'améliorer sa condition, qui lui barre le chemin des plaines fertiles de l'Hindoustan. Il rêvera du soleil de l'Inde ; il sera prêt à combattre, pour aller se chauffer à ses rayons. En même temps, les armements se poursuivront. Les millions disparaîtront dans le gouffre insatiable des dépenses militaires ; les emprunts, les impôts serviront à fondre des canons, à acheter des fusils, à équiper des régiments, au lieu d'être employés à bâtir des écoles, à paver les rues, ou à creuser des égouts ; et, de son côté, l'Angleterre sera forcée de suivre la même voie ruineuse, sous peine de perdre ses possessions indiennes. Voilà ce que l'avenir tient en réserve ; il serait puéril de s'illusionner sur ce point. Du jour où la Turquie a été écrasée, la Grande-Bretagne a perdu son unique alliée en Orient. Elle est maintenant seule pour garder ses colonies, et les forces qui avaient suffi jusqu'ici à leur défense, vont devenir insuffisantes.

Les libéraux anglais auront contraint leur pays à quadrupler son armée et à doubler sa flotte ; grâce à eux aujourd'hui, le mieux que leurs compatriotes puissent souhaiter, c'est que le gouvernement se hâte et ne se laisse pas prendre à l'improviste.

Finalement, d'ailleurs, la Russie subira la destinée commune à tous les États barbares qui visent à des agrandissements démesurés. Elle se disloquera ; elle tombera, pour ainsi dire, par morceaux, et si le vieux Moscovite secoue déjà la tête en parlant de Constantinople, c'est qu'il prévoit une lutte sanglante entre les races installées dans ces régions ensoleillées, et les autres campées sur les froides terres du Nord. La Russie n'échappera pas davantage aux efforts du socialisme qui travaille les campagnes et à l'influence de nihilisme fanatique qui bouillonne au sein des villes. Tôt ou tard, il faudra remettre l'épée au fourreau et affronter les questions de politique intérieure. Ce sera l'heure finale, l'heure où une convulsion gigantesque, soulevant cet immense pays, le plongera dans l'anarchie et dans le chaos.

Mais il est inutile de prévoir d'aussi loin les événements. Qu'il suffise de dire que la chute de **Plewna** a rehaussé, pour cinquante ans, le prestige et le pouvoir militaires de l'empire des Tzars. Il est devenu l'ennemi juré de l'Angleterre, un ennemi qu'il ne faut ni oublier ni mépriser et que l'on peut encore réduire, si l'on apporte, à le combattre, autant de vigilance et d'énergie qu'on a mis de faiblesse et de fausse philanthropie à le laisser grandir.

TABLE DES MATIÈRES

CHAPITRE TROISIÈME

L'INDUSTRIE

CHAPITRE QUATRIÈME

LA PENSÉE

CHAPITRE CINQUIÈME

LA RELIGION

CHAPITRE SIXIÈME

LA JUSTICE

CHAPITRE SEPTIÈME

LA POLICE POLITIQUE

CHAPITRE HUITIÈME

LA DIPLOMATIE

CHAPITRE NEUVIÈME

L'ARMÉE

CHAPITRE DIXIÈME

LES ÉTRANGERS CHEZ LES RUSSES

CHAPITRE ONZIÈME

LES RUSSES CHEZ LES AUTRES

CONCLUSION

FIN DE LA TABLE